監修者――木村靖二／岸本美緒／小松久男／佐藤次高

［カバー表写真］
ムッソリーニの肖像

［カバー裏写真］
『タイム』誌の表紙になったムッソリーニ
（1936年）

［扉写真］
リビアのムッソリーニ
（1937年）

世界史リブレット人88

ムッソリーニ

帝国を夢みた政治家

Takahashi Susumu
高橋進

目次

三つのファシズムの終わり方
1

❶
鍛冶屋の息子から社会党機関紙の編集長へ
6

❷
第一次世界大戦からローマ進軍まで
20

❸
ムッソリーニ政権の成立から独裁へ
46

❹
「帝国」の建設と戦争
70

❺
ファシズム体制の崩壊とレジスタンス
96

三つのファシズムの終わり方

物事の終わり方はその物事の本質を示すといわれる。イタリア、ドイツ、日本の三国は第二次世界大戦の枢軸国▲であり、軍事同盟を結んでいたファシズム▲国家である。しかし、三つの国の戦争の終わり方、最高権力者の最期は大きく異なっている。

ナチス・ドイツの最高権力者のヒトラーは、首相と大統領を兼任し、「フューラー」(総統)と呼ばれ、一時は大陸ヨーロッパのほぼ全域を支配し、「第三帝国」をつくりあげた。しかし、東西から連合軍の攻撃を受け、一九四五年四月三〇日、ベルリン陥落を前にベルリンの総統官邸地下壕で愛人のエヴァ・ブラウンとともに自殺した。ドイツは、五月四日以降、将軍たちがアメリカ・イギ

▼枢軸国　第二次世界大戦において連合国と戦った日本・ドイツ・イタリアとその同盟国であるフィンランド、ハンガリー、ルーマニア、ブルガリア、タイの計八カ国。一九三六年にムッソリーニがイタリア・ドイツ関係を「ローマ・ベルリン」枢軸と表現したことが言葉の起源。日独伊三国同盟により、ベルリン・ローマ・東京枢軸となった。枢軸国の統合された戦争指導と戦争理念の表明はなかった。

▼ファシズム　一九一九年にイタリアで生まれ、三〇年代に世界各地に広がった政治思想・運動・体制。反共産主義、反自由主義、反民主主義、自民族中心主義、国家主義、暴力、対外侵略を特徴とする。ムッソリーニが自らの運動に名付けた。ファッショという言葉は、古代ローマの執政官の権威の表徴であった斧と棒を束ねた「ファスケス」(五七頁参照)に由来。「ファッショ」は結束の意味もあり、民衆運動もファッシ(ファッショの複数形)の名称を使用した。

リス・ソ連と降伏文書に調印し、戦争を終えた。ナチ体制の指導者はニュルンベルク国際軍事裁判▲等で裁かれた。

日本は、沖縄の陥落、広島・長崎への原爆投下、ソ連の参戦を経て、一九四五年八月十四日にポツダム宣言を受諾し、九月二日に降伏文書に調印した。戦争中の日本の最高権力者を東条英機▲首相とする見方もあるが、当時の連合国はドイツ・イタリア・日本の最高権力者を「ヒトラー、ムッソリーニ、ヒロヒト」ととらえていた。裕仁天皇は、極東国際軍事裁判▲の戦争犯罪人の指定を受けず、退位することなく、戦前の現人神・統治権の総攬者・統帥権者から「象徴天皇」へ変わり、戦後の日本国憲法下での天皇制の存続と天皇自身の生き残りに成功した。

「ドゥーチェ」(統領)と呼ばれたイタリアのムッソリーニは、一九四三年七月のシチリア陥落と連合国の本土進撃を前にして、盟友のファシスト幹部によってファシズム大評議会で事実上の解任を決議され、国王によって首相を解任・逮捕された。後任の首相のバドリオ元帥は、同年九月三日に連合国と休戦協定を調印した。イタリアの降伏を認めないドイツがイタリアに侵攻・占領したた

▼ニュルンベルク国際軍事裁判 一九四五年十一月から四六年十月までニュルンベルクで開かれたドイツの主要な戦争犯罪人に対する連合国による国際軍事裁判。通例の戦争犯罪、侵略戦争の共同謀議罪、平和に対する罪、人道に対する罪で、ゲーリングやリッベントロップ、ヘスら二二名が裁かれ一二名が死刑。

▼東条英機(一八八四～一九四八) 陸軍大将、政治家。第二次・第三次近衛内閣の陸相となり、対米英開戦を主張。一九四一年十月首相となり、太平洋戦争を開始。四四年七月、戦局の悪化により総辞職。極東国際軍事裁判でA級戦犯として絞首刑。

▼極東国際軍事裁判(東京裁判) 一九四六年五月から四八年十一月まで、東京で開かれた日本の重要な戦争指導者に対する連合国による国際軍事裁判。平和に対する罪、通例の戦争犯罪、人道に対する罪で、東条英機ら二八名が起訴され(公判中に三名が病気と病死で審理除外)、全員が有罪、うち七名に死刑、一八名に禁固刑が科された。

●—**ムッソリーニ**(左)**とヒトラー**(右)　ムッソリーニは「ドゥーチェ」と呼ばれたが、これは統領、指導者の意味。元はヴェネツィアとジェノヴァ共和国の統領(doge、ドージェ)の地位。ファシズム時代にムッソリーニの称号として使用され、「国家の統領」「ファシズムの統領」と呼ばれた。

ヒトラーが率いたナチス(ナチ党)の正式名称は国民(民族)社会主義ドイツ労働者党。一九一九年一月にミュンヘンで結成、同年九月ヒトラーが加入、二一年に党首となり、勢力を拡大。二三年十一月に一揆を起こしたが失敗。三二年七月の選挙で第一党になり、三三年一月政権掌握、独裁国家を形成。神聖ローマ帝国と第二帝政を継承する国家の意味で、一九三三年にヒトラーが初めて「第三帝国」という呼称を使った。しかしこの呼称はナチ体制下ではほとんど使用されず、第二次世界大戦後、ナチス・ドイツを指す言葉として広く使用。

●—**ピエトロ・バドリオ**(一八七一～一九五六)　軍人、政治家。一九二五～四〇年参謀総長、エチオピア遠征軍総司令官。四三年七月のムッソリーニ失脚の首謀者の一人で、ムッソリーニ解任後、首相に任命された。休戦協定調印後、国王らとともに南部の連合国占領地域に逃走。四四年六月のローマ解放後、首相を辞任。写真はバドリオ(右)とムッソリーニ(中)。

め、国王たちは南部のブリンディジに逃れ、ここにイタリア王国政府を移した。ムッソリーニはドイツ軍によって救出され、イタリア北部にドイツの傀儡政権であるイタリア社会共和国を樹立した。一九四三年九月に反ファシズム諸政党は国民解放委員会を結成し、ナチス・ファシストに対する武装レジスタンス闘争を開始した。四五年四月二十五日、連合軍の進撃と国民解放委員会の北イタリアでの一斉蜂起によって、イタリア駐留ドイツ軍は降伏した。ムッソリーニはドイツ兵に変装し、ドイツ軍にまじって逃亡を図ったが、パルチザンに捕まり、銃殺された。イタリアではファシスト指導者に対する国際軍事裁判は開催されなかった。

このような枢軸三国の戦争の終わり方と最高権力者の最期の相違、国際軍事裁判の有無が生じた原因は何であろうか。その原因は、ファシズム体制の構造、指導者の資質、武装レジスタンスと敗戦前の民主的政府の存在の有無、占領国と国際環境などの相違にあると考えられる。本書では、これらの違いを念頭におきつつ、世界史上初のファシズム運動の創始者であり、ファシズム体制の独裁者であるムッソリーニは、どのような人物であり、何をめざし、何をおこな

▼イタリア社会共和国（一九四三年九月〜四五年四月）　通称、サロ共和国。ムッソリーニ救出後、北イタリアのガルダ湖畔に設立されたドイツの傀儡政権。サロに政府の拠点をおいた。

▼国民解放委員会　イタリアの反ファシズム・レジスタンス組織。キリスト教民主党、共産党、社会党、行動党、自由党、労働民主党の六党が一九四三年九月ローマで結成。武装闘争を含む多様な闘争を展開。四六年の制憲議会選挙後に解散。

▼武装レジスタンス　国民解放委員会のもと、約二五万人が参加、三・六万人が死亡、一万人の一般市民が報復で殺害された。数万人の兵士が連合軍とともに戦い、約一万人が死亡。三・二万人が外国でのレジスタンスで、三万人がドイツの収容所で死亡。

▼パルチザン　イタリア語のpartigiano（パルティジャーノ）からきたフランス語。占領軍への抵抗運動や内戦、革命戦争を戦う非正規軍の構成員。反ナチ・反ファシズムのレ

ジスタンス運動に使用。

ったかを明らかにする。それを通じて、イタリア・ファシズムとは何であったか、さらに現代におけるその意味を考えたい。

▼**宗教婚、民事婚**　宗教婚とは、宗教上、婚姻関係を結んだと認められる形態、民事婚とは、行政機関に届けることで成立する婚姻。イタリア王国は一八六一年の建国以来カトリック教会と対立が続き、政府は宗教婚を正式な婚姻関係の成立とは認めていなかった。一九二九年にイタリア王国とローマ教皇庁とのラテラーノ条約によって、イタリア政府は宗教婚を正式な婚姻関係の成立と認めた。

▼**ベニート・フアレス**(一八〇六〜七二)　メキシコの自由主義の革命家、政治家、弁護士。独裁政治を倒し、先住民出身の初めてのメキシコ大統領(一八六七〜七二)になった。

▼**アミルカレ・チプリアーニ**(一八四四〜一九一八)　イタリアの革命家、愛国者、無政府主義的社会主義者。イタリア統一戦争やガリバルディの千人隊に参加、ロンドン亡命中にマッツィーニと親交、パリ・コミューンに参加し、逮捕・ニューカレドニアに流刑。イタリア帰国後、社会党で活動。一九一八年パリで没。

①—鍛冶屋の息子から社会党機関紙の編集長へ

幼少期から学校時代

　ベニート・アミルカレ・アンドレーア・ムッソリーニ(一八八三〜一九四五)は、鍛冶屋のアレッサンドロ・ムッソリーニの長男として、一八八三年七月二十九日、北イタリアのロマーニャ地方の農村プレダッピオ市の周辺部のドヴィア地区に生まれた。父アレッサンドロの父親は小自作農であったが没落したため、アレッサンドロはわずかな読み書き能力しか持たないまま学校を離れ、プレダッピオの鍛冶屋に徒弟奉公し、一八七七年にドヴィアに独立して鍛冶屋を開いた。彼はその間、独学で読み書きを修得し、地方の社会主義派の新聞への投稿や社会主義の宣伝活動を熱心におこない、社会主義者として知られるようになった。

　ムッソリーニの母であるローザ・マルトーニは近隣の村の獣医師の娘であったが、一八七七年にプレダッピオに新設された小学校の教師として雇用された。ローザはプレダッピオでの学校設立に熱心に取り組んできたアレッサンドロと知り合い、二人は一八八二年一月に教会で宗教婚▲を、その後三月に市役所で民事婚▲を挙げた。結婚式を二回おこなったのは、熱心なカトリックであったローザと無神論者のアレッサンドロとの妥協の結果であった。また、ムッソリーニの洗礼に父親は反対であったが、その名前をメキシコの革命家ベニート・フアレス▲、パリ・コミューンに参加した国際的な革命家アミルカレ・チプリアーニ▲とロマーニャ地方出身の社会主義者アンドレーア・コスタ▲から取ることで、洗礼を受けさせるという妻の要望に同意した。ムッソリーニ家は裕福ではなく、庶民階級であったが、両親ともに教育熱心であり、ムッソリーニと弟のアルナルドは一八歳まで学校教育を受けることができた。ムッソリーニが少年期を過ごした家は三階建ての農場の納屋であり、一階が父親の仕事場、二階にムッソリーニ一家が住み、三階が母親の勤める学校であった。一八八五年にムッソリーニの弟アルナルド▲が、八八年に妹エドヴィージェ▲が生まれた。

ムッソリーニが一九一一年十一月から一二年三月にかけてフォルリの監獄で執筆した自伝『わが生涯』で述べているが、彼は子どもの頃から「落ち着きのない、喧嘩早い腕白小僧」で暴力的、孤独傾向があった。少年時代の仲間は彼

▼アンドレーア・コスタ（一八五一～一九一〇）　イタリアの社会主義者。無政府主義的であったが、スイスで知り合ったアンナ・クリショフの影響で社会主義に接近。一八八一年にロマーニャ革命的社会党を創設、一八八二年選挙で当選し、最初の社会主義者の下院議員。イタリア労働者社会党（一八九五年にイタリア社会党に名称変更）に合流。一九〇八～一〇年、下院副議長。

▼アルナルド・ムッソリーニ（一八八五～一九三一）　ベニート・ムッソリーニの弟、ジャーナリスト、政治家。兄を手伝い、『イタリア人民』の事務長、兄の首相就任後は編集長。ファシストの諸雑誌・新聞の発刊に関与。一九三一年、心臓発作で死亡。

▼エドヴィージェ・ムッソリーニ（一八八八～一九五二）　ムッソリーニの妹。ミケーレ・マンチーニと結婚、息子のジュゼッペはイタリア社会共和国の共和国防衛隊に参加、パルチザンに捕まり、四五年四月に殺害された。一九五七年『わが兄ムッソリーニ』を出版。

を「口数は少ないが、手が早い」と評している。また父親の影響を受け、教会嫌いであった。当時のイタリアの義務教育は、小学校上級下級各二年からなる四年制であったが、プレダッピオ市には二年制の小学校しかなかったので、これを終えたあと、一八九二年十月にムッソリーニは三年次以降の教育を受けるために、母親の強い希望で近隣のファエンツァにあるサレジオ修道会の寄宿学校の第三学年に編入した。自負心が強く、暴力的で反抗的、規律嫌いのムッソリーニは、厳格で理不尽な教会的な規律、三階級の授業料に応じた食事など、寄宿学校の生活に適応できず、教師やほかの生徒と頻繁に衝突した。四年生の終わりに喧嘩で同部屋の生徒にナイフで怪我を負わせ、退学を迫られた。その結果、一八九四年秋、両親は彼をフォルリンポーポリにある「ジョズエ・カルドゥッチ」という世俗の寄宿学校に転校させた(第五学年に編入)。ムッソリーニはこの転校を喜び、「地獄から天国に移った」とのちに書いている。

　その後ムッソリーニは一八九八年に師範予備学校を、一九〇一年七月に師範学校を卒業し、小学校教員の資格を得た。この間の一九〇一年一月にフォルリンポーポリで開かれたヴェルディ▲追悼の市民集会では、師範学校の生徒を代表

▼ジュゼッペ・ヴェルディ(一八一三〜一九〇一)　オペラ作曲家。『リゴレット』『椿姫』『アイーダ』などのロマン主義的なオペラで人気を博した。イタリア統一運動を支持。イタリア統一に取り組んだサルデーニャ国王ヴィットーリオ・エマヌエーレ二世に対する、「イタリアの王ヴィットーリオ・エマヌエーレ万歳」(Viva Vittorio Emanuele Re D'Italia)の頭文字が「Viva Verdi」(ヴェルディ万歳)と一致した偶然も作用し、「イタリア国王万歳」の意味で「ヴェルディ万歳」と人々は叫び、イタリア愛国主義のシンボルになった。カブールの依頼で一八六一年下院議員、七四年上院議員。

●―アレッサンドロ・ムッソリーニ（一八五四～一九一〇）　無政府主義的社会主義者。プレダッピオ市議会議員、市参事。妻ローザの死後、フォルリに移り、未亡人のアンナ・ロンバルディ（グイーディ）と食堂を経営。アンナの連れ子のラケーレ・グイーディがのちに息子のベニートと結婚。

●―ムッソリーニを抱く母ローザ

●―ローザ・マルトーニ（一八五八～一九〇五）　獣医のジュゼッペ・マルトーニとマリアーナ・ゲッティの娘。熱心なカトリックで、小学校教師。母親へのムッソリーニの愛着は、彼女をファシズム体制の理想のイタリア人女性像にした。

●―フォルリンポーポリの師範学校時代（一四歳）のムッソリーニ

●―ムッソリーニの生家　生まれてから一年もしないうちに、ヴィラーノ農場家屋に転居した。

して、イタリア統一の大義と、その理想を実現できない王国政府を非難する演説を、校長の制止を無視しておこなった。

ムッソリーニは師範学校卒業後、各地の小学校教員に応募したが採用されなかった。彼は教育に情熱や才能があるわけでも、特に教師になりたかったわけでもない。教員志望には母親の影響があるが、それ以上に教員の道は、当時の庶民が少しでも社会的な上昇と安定を得る手段であった。ようやく一九〇二年二月に父親の社会主義者のネットワークのおかげで、グアルティエーリ市の臨時教員に採用された。この町で彼は初めて社会主義サークルに参加し、政治活動を始めた。しかし、臨時教員の任期も六月で終わり、若い人妻との愛人関係がスキャンダルとなったこともあり、「人生のチャンス」を求めてスイスに行くことにした。ときに一九歳の誕生日の直前であった。

スイスのイタリア人社会での政治活動

当時のスイスには多数のイタリア人労働者が出稼ぎに来ていたが、ムッソリーニには頼れる人はおらず、手持ちの金はわずかであった。最初、スイス西部

●イタリア（一九一四年）

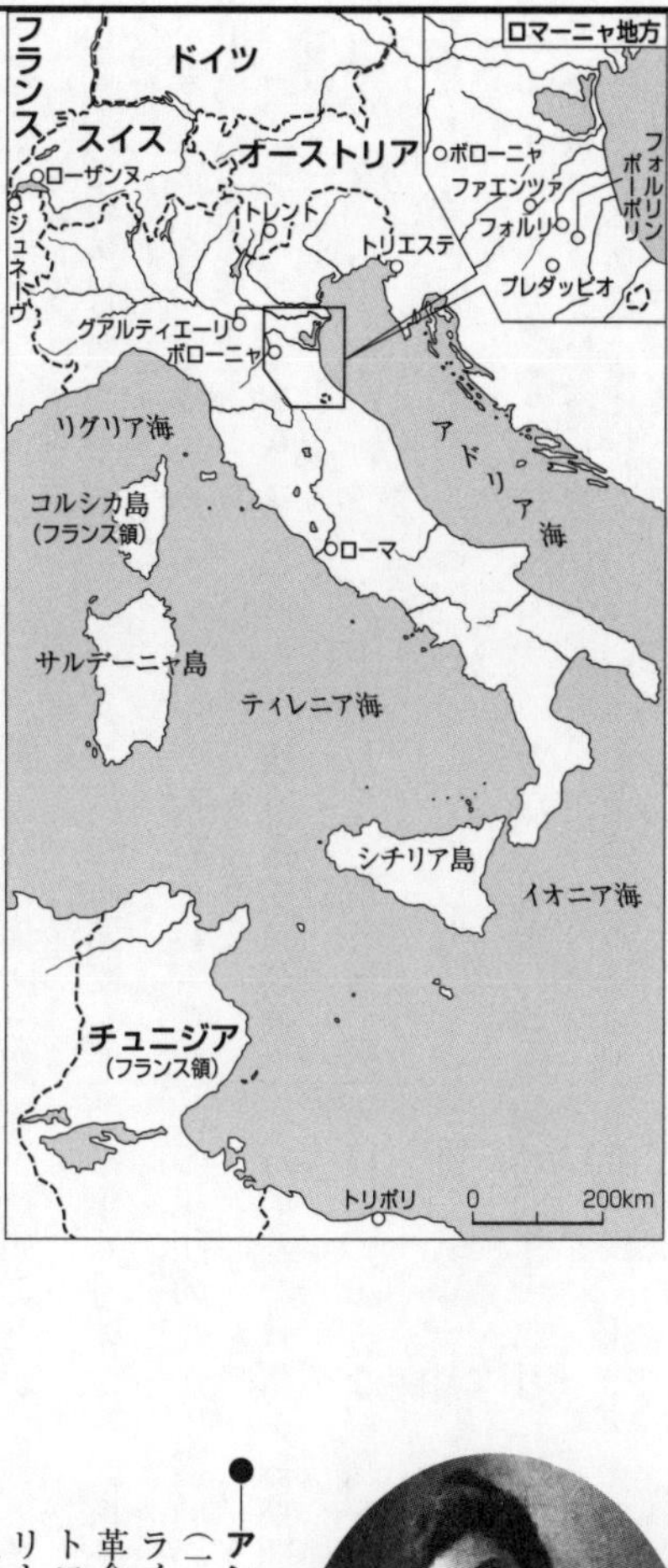

●ジャチント・メノッティ・セルラーティ（一八七六～一九二六）　イタリアの社会主義者、政治家。政権参加や改良主義に反対する社会党の最大限綱領派（革命派）の指導者。第一次世界大戦では中立派でムッソリーニと対立。第三インターナショナルを支持、一九二四年共産党に加入。

●アンジェリカ・バラバーノフ（一八七八～一九六五）　ウクライナ人で、ユダヤ系の女性革命家。スイスでレーニン、トロツキーらと親交、ムッソリーニと知り合い、彼に社会主義やマルクス主義の基礎を教えた。イタリア社会党機関紙の共同編集者。ロシア十月革命後、ロシアに帰国、コミンテルン書記、ウクライナ外務人民委員。一九二一年ロシアを出国、イタリアへ。ファシズム時代はフランス、アメリカに移住。戦後、イタリアに帰国。

▼**ヴィルフレド・パレート**（一八四八〜一九二三）　イタリアの経済学者、社会学者、ローザンヌ大学教授。経済学ではワルラスを継承し、一般的均衡論を精緻化。社会学では政治エリートの循環論を展開し、議会制民主主義を批判。ファシズムに思想的な影響を与えた。

▼**ジョルジュ・ソレル**（一八四七〜一九二二）　フランスの社会思想家。マルクスの唯物論に反対し、人々の集団行動の原動力としてゼネラル・ストライキの「神話」を強調。反議会主義、反民主主義、ナショナリズム。ファシズムに大きな影響を与え、ムッソリーニは「ファシズムの精神的な父」と述べた。

▼**フリードリッヒ・ニーチェ**（一八四四〜一九〇〇）　ドイツの哲学者。近代ヨーロッパ文明の堕落を批判し、その根源がキリスト教の道徳化、制度化にあるととらえた。神に代わる超人の出現を主張し、ナチズムに利用された。

のフランス語圏で仕事を探し、工事現場で働いたが、肉体労働は彼にはきつく、一週間で辞め、ローザンヌへ移った。ここでも仕事がみつからず、宿代もなく、橋の下で寝泊まりしていた時に浮浪者とみなされ、留置所に放り込まれた。正規の滞在書類を持っていたので、三日後に無事釈放された。その後、彼は寝る場所を確保するために、知人のイタリア人の社会主義運動の活動家を訪ね、その屋根裏部屋に泊めてもらった。こうして、ローザンヌのイタリア人の社会主義運動の集団と関係を持つことができ、イタリア人労働者向けに発行されていた週刊新聞に一九〇二年八月頃から記事を書き始めた。ムッソリーニはイタリア人の社会主義運動の集団のなかに当面の自分の「居場所」をみつけた。その後もスイス各地でいろいろな仕事を短期間しつつ、争議や集会に参加し、演説した。彼の演説技術はこのような経験を通してつちかわれた。

ムッソリーニは一九〇三年十月に母危篤の知らせで一時プレダッピオに戻ったが、母親の回復後の同年十二月には、農業学校を卒業したものの就職口のない弟のアルナルドとともに、再びスイスへ旅立った。ムッソリーニは二〇歳に達していたので、一九〇四年春には兵役につかなければならなかったが、これを無視してスイスに滞在していた。一九〇四年四月にボローニャの軍事裁判所から、召集に応じなかったことを理由に脱走罪で懲役一年の判決が届いた。ムッソリーニにとって、帰国は刑務所生活を意味することとなった。

　ムッソリーニはベルンで弟を友人に託し、彼自身はジュネーヴやローザンヌでイタリア語を教えたり、新聞に記事を書いたりしていたが、経済的には苦しい状態であった。彼は労働争議や社会主義者の集会への参加や演説、宗教家との論争、図書館通い、ローザンヌ大学での聴講など、社会主義ネットワークにより深く関わるようになったが、実態は本人も認めるように「ボヘミアンの生活」であった。ただし、このスイスでの生活と経験は彼の知的形成の面では重要であった。図書館でパレート▲、ソレル▲、ニーチェ▲、バクーニン▲、マルクス▲などの本を乱読し、各国の社会主義者と交流する機会を得た。ロシアの亡命者バラバーノフやイタリアの社会主義者セルラーティと知り合いになったことは、その後の彼のイタリア社会党(一六頁用語解説参照)での活動に大きく寄与した。

　ムッソリーニは一九三〇年代に彼の伝記の著者デ・ベニャック▲に、「バラバーノフは政治的学識がある人物」で、「彼女と出会わなければ、自分は取るに足

▼**ミハイル・アレクサンドロヴィチ・バクーニン**(一八一四〜七六)　ロシアの無政府主義の革命家、貴族出身。ドイツに留学、革命運動に参加し、逮捕、ロシアに送還後シベリアに流刑。脱走し、ヨーロッパに亡命。第一インターナショナルでマルクスと対立し、除名。

▼**カール・マルクス**(一八一八〜八三)　ドイツの社会主義者、革命家、哲学・経済理論家。政治活動を理由にプロイセンを追放され、ヨーロッパ各地を移動、一八四九年にロンドンに亡命。第一インターナショナルを主導。史的唯物論を提唱し、『共産党宣言』『資本論』などを通じて、世界の社会主義運動に大きな影響を与え、その思想はマルクス主義と呼ばれる。

▼**イヴォン・デ・ベニャック**(一九一三〜八三)　ムッソリーニの伝記作家。『ムッソリーニの三〇年　一八八三〜一九一五』一九三四年。

らない政党活動家」で終わっていただろうと語っている。

一九〇四年九月、イタリア国王の王子誕生による恩赦がおこなわれ、ムッソリーニの単純脱走罪もその対象となった。彼はこの時、母親が強く望むイタリアへの帰国か、さらなる運試しのためにアメリカへ渡るか悩んだが、イタリアに帰国し、〇五年一月に徴兵に応じた。徴兵期間中の同年二月に母親は亡くなった。兵役時代のムッソリーニは平凡な兵士で、〇六年九月、二〇カ月の兵役期間を終えた。その後、小学校教師やボローニャ大学で得たフランス語教師の資格によって、寄宿中学校の短期間のフランス語教師になった。その雇用期間が終わると、〇八年七月、プレダッピオに戻った。その後父親の転居に従ってフォルリに移り、労働争議や農業争議に参加し、逮捕され、禁固刑を受けた。

このように当時のムッソリーニは、何を仕事にし、何のために生きるのかという模索を続けつつ、社会の不正義への怒りから、しだいに社会主義運動に深く関わるようになった、イタリアのどこにでもいる一人の青年であった。

ここでムッソリーニが少年・青年期を過ごした一八八〇年代から世紀末のイタリアの社会・政治・経済の特徴を概観しておこう。この時代はヨーロッパ列強が帝国主義の時代に入り、イタリアは西欧では相対的に遅れて国家統一をした国として、近代化と国民の形成に向けて必死に取り組んでいた。工業化が始まり、工場労働者も増えつつあったが、過酷な労働環境と低賃金・長時間労働など労働条件は劣悪で、労働者を保護する法律は存在しなかった。農業分野では蒸気船や鉄道などの交通機関の発達により輸送コストが低下し、アメリカ大陸やロシアから安価な小麦が大量に流入した。その結果、穀物価格が下落し、イタリア農業は大きな打撃を受けた。これに対して、穀倉地帯の農業家や地主層、誕生したばかりの重工業を保護するために保護関税政策がとられたが、これはブドウや柑橘類などの輸出作物に依存していた南部経済には打撃となった。北部でも南部でも農村では南北アメリカやヨーロッパへの国外移民と都市部への国内移民が増加した。一八九三年から九四年にかけてのシチリア・ファッシ▲の反乱、一八九七年の全国的な食糧暴動などがあいついだ。一九〇〇年七月にはアナーキスト(無政府主義者)▲が国王ウンベルト一世▲を暗殺した。

政治面では、選挙権が厳しく制限され、一八八二年の選挙法改正によっても有権者は人口の七パーセントにすぎなかった。この結果、工業・農業の労働者、

▼シチリア・ファッシ(一八九一〜一八九四年) 十九世紀末のシチリア島で結成された労働者、農民の社会主義的組織。正式名、勤労者ファッシ。一八九三年に借地・小作契約の更新をめぐって大規模ストライキから民衆反乱へと発展、政府が戒厳令を出し弾圧し、解散。

▼アナーキズム(無政府主義) ギリシア語の「支配がない」という言葉から派生。国家権力や権威を否定し、個人の自発性に依拠した社会をめざす思想・運動。十九世紀にフランスのプルードン、ロシアのバクーニンによって世界に広がった。

▼ウンベルト一世(一八四四〜一九〇〇) イタリア国王(一八七八〜一九〇〇)ヴィットーリオ・エマヌエーレ二世の子。ドイツ・オーストリアへの接近を推進、クリスピ首相の対外膨張政策や権威主義的な抑圧政策を支持した。

農民、貧困層の抗議行動は非合法のストライキや暴動、反乱というかたちをとった。一八九〇年代から二十世紀初めには労働者や農民の組織化が進み、一八九五年にイタリア社会党▲が結成され、社会主義思想が浸透していった。一九〇一年にはイタリア金属労働者連盟、農業労働者の全国土地勤労者連合、〇六年には労働総同盟▲が結成された。カトリック系の労働組合や協同組合も結成され、社会主義系とカトリック系の両組織は急速に組織を拡大していった。

対外政策の面では、イタリアは植民地の獲得と列強の仲間入りをめざしていた。イタリアがねらっていたチュニジアをフランスが保護国化したことにより対仏関係が悪化すると、一八八二年にドイツ、オーストリアと三国同盟を結んだ。八五年に紅海沿岸のマッサワを占領し、九〇年にエリトリアを植民地化し、九六年にエチオピアを攻撃したが、アドワの戦い▲で敗北し、アフリカ進出の野望は中断された。アフリカの「未開国」との戦争での敗北はイタリア国民に「屈辱」として記憶され、ナショナリズムの火種になった。

▼イタリア社会党　一八九二年にジェノヴァでイタリア労働者党が結成され、九五年にイタリア社会党に改名。一九一九年下院議員選挙で第一党、二六年ファシズム体制によって解散。四三年再建、レジスタンスに参加。四六年の制憲議会選挙で第二党。

▼労働総同盟（一九〇六〜二六年）社会主義的な地域の労働会議所や職業別労働組合の連合組織として一九〇六年に結成。ファシズム体制下で解散。四四年、主要な民主主義政党の合意でイタリア労働総同盟として再建。

▼アドワの戦い　一八九六年、イタリア軍がメネリク二世のエチオピア軍に大敗した戦い。エチオピアの征服をめざすイタリアが大軍を派遣したが、北部のアドワで敗北。エチオピアは独立を維持した。

ジャーナリズムと社会主義運動への参加

ムッソリーニは一九〇九年二月、オーストリア領トレントに移り、イタリア人系のトレント社会党の新聞社と系列団体で活動したが、親オーストリア的なカトリック聖職者に対して激しい反教権主義の論争と中傷を展開した。その結果、多くの事件や訴訟を引きおこし、同年九月にはトレントを追放され、同年十月にフォルリに戻った。

一九一〇年一月、ムッソリーニはフォルリの社会主義団体連盟の書記、その新機関紙『階級闘争』の編集長、社会党の中央機関紙『前進』のフォルリ通信員になった。当時の社会党内には三つの潮流が存在したが、改良派が多数を占めていた。なかでもトゥラーティ(二一頁参照)が率いる改良主義左派は最大勢力で、社会改良政策を進めるブルジョア政府を支持するが、政権参加には反対の立場であった。ビッソラーティ(二一頁参照)が率いる改良主義右派は、ブルジョア政権への参加を進める立場であった。これら二つの改良主義派に反対する立場が、セルラーティらの非妥協的な革命派であり、ムッソリーニはこのグループに属していた。

当時ムッソリーニは、ナショナリストにも批判的で、対外膨張よりも国内改革を優先すべきと考えていた。一九一〇年十二月に結成されたイタリア・ナショナリスト協会▲について、イタリアにとって必要なのは「対外的なナショナリズム」ではなく、「国内のナショナリズム」であり、「トレントやトリエステ▲、トリポリの獲得の前に、イタリアを征服すること、すなわち、プーリアに水、アグロ・ロマーノに干拓、南部に正義と識字能力こそ必要なことである」と論評していた。一九一一年十月には、リビア戦争反対のストライキと騒擾《そうじょう》煽動などの罪で逮捕され、懲役五カ月の刑に処せられた。

ムッソリーニを政治の表舞台に立たせたのは、一九一二年七月にレッジョ・エミーリアで開かれた第一三回社会党大会である。ムッソリーニは大会で改良派を激しく非難する演説をおこない、一躍有名になった。大会では、革命派を代表して彼が提案したビッソラーティやボノーミ▲ら改良派の除名決議が採択され、執行部から左右の改良派が一掃され、ムッソリーニも新執行部のメンバーになった。同年十二月に彼は社会党中央の機関紙『前進』の編集長に就任した。ムッソリーニは革命的サンディカリズム▲の立場からストライキ、農業労働者争

▼イタリア・ナショナリスト協会　一九一〇年にコルラディーニやフェデルツォーニらが結成。領土回復や植民地の拡大を主張する帝国主義者たちを結集。工業界、地主・農業経営者、宮廷が支持。二三年二月にファシスト党と合同。

▼トリエステ　イタリア北東部のアドリア海奥部の港湾都市。ラパッロ条約でイタリアに併合。一九四三年からのナチス占領期に市の郊外に政治犯とユダヤ人の移送・選別と虐殺の収容所設置。五四年に市街をイタリア、郊外をユーゴスラヴィアに帰属で合意。

▼イヴァノエ・ボノーミ（一八七三～一九五一）　社会党の下院議員、リビア戦争を支持し、一九一二年の大会で社会党除名後、イタリア改良主義社会党を結成。一九二一～二二年首相。四四年六月に反ファシズム諸政党を代表する最初の政府の首相。

▼革命的サンディカリズム　十九世紀末にフランスに始まり、スペイン、イタリアで広がった労働組合

議、民衆騒乱、デモ、反戦運動を熱烈に支持・煽動する論考を旺盛に執筆した。その結果、『前進』の購読者は飛躍的に増大した。ムッソリーニは、普通選挙権や議会制度に対しては否定的で、普通選挙権の価値を否定し、プロレタリアート解放の手段は武器だけであると書いていた。

一九一三年十月の初めての男子普通選挙権にもとづく選挙では、社会党は五二議席に躍進したが（総定数五〇四）、フォルリ選挙区から立候補したムッソリーニは三三一二票で落選した。一四年六月七日にアンコーナで共和党▲やアナーキストが組織した反軍国主義デモが治安部隊と衝突し、死者が出た。これをきっかけにロマーニャ地方を中心に各地で争乱が起き、いくつかの自治体では共和制が宣言され、公共施設、教会、武器庫が襲撃・破壊された。鉄道路線と電信網も破壊された。労働総同盟はゼネスト中止を決定したが、おさまらなかった。この騒擾は「赤い一週間」と呼ばれ、イタリア統一以来、最大規模の騒擾であった。イタリアがそのような混乱にあるなかで、一四年六月二十八日、サライェヴォでオーストリア大公フランツ・フェルディナンド夫妻が暗殺される事件▲が起き、七月二十八日に第一次世界大戦が始まった。

（サンディカ）を社会革命の基本的な組織とする思想・運動。議会や政党などの代行機関に依存せず、労働者の直接行動、ゼネストによる社会革命をめざす。

▼イタリア共和党　一八九五年創立。マッツィーニのイタリア統一・共和主義の思想とカッターネオの自由主義・連邦主義の思想が合流した政党。国民解放委員会には反君主制の立場から不参加。

▼サライェヴォ事件　一九一四年六月二十八日、ハプスブルク帝国の帝位継承者フランツ・フェルディナンド大公とその妻が、ボスニア・ヘルツェゴヴィナの州都サライェヴォで、セルビア人の民族主義団体の青年に暗殺された事件。帝国政府は背後でセルビアが関与したとして、セルビアに宣戦布告。その後、第一次世界大戦に拡大した。

②—第一次世界大戦からローマ進軍まで

三国同盟とイタリアの中立

サライェヴォ事件が起こった当初、ヨーロッパの指導的な政治家や軍人でこれが四年以上にわたる世界大戦のきっかけになると予想する者はいなかった。オーストリアがセルビアに宣戦布告をし、ロシアが総動員令を出した時でも、バルカン半島に限定された戦争という見方が存在した。しかし、ドイツがロシア、フランスに宣戦布告し、ベルギーに侵攻したことにより、ドイツによる大陸制覇を恐れたイギリスも参戦し、ヨーロッパ主要五カ国を巻き込んだ戦争になった。それでも政府や軍の指導者たちは、十九世紀の戦争をイメージしていたので、一年もたたずに戦争が終わる(「枯れ葉の頃には故郷へ帰れる」)と考えていた。彼らは工業化した社会、民衆の政治参加とナショナリズムの時代における、主要な帝国主義国家間の戦争が持つ持続力と巨大な破壊力に気がついていなかった。

この戦争は歴史上初の総力戦▲・世界戦争となり、最終的にこの戦争に加わっ

▼**総力戦**　国家が、軍事・経済・政治・科学技術・思想など国力のすべてを動員する戦争。第一次世界大戦が史上初の総力戦とみなされる。ルーデンドルフ『国家総力戦』(一九三五年)が概念を明示した。

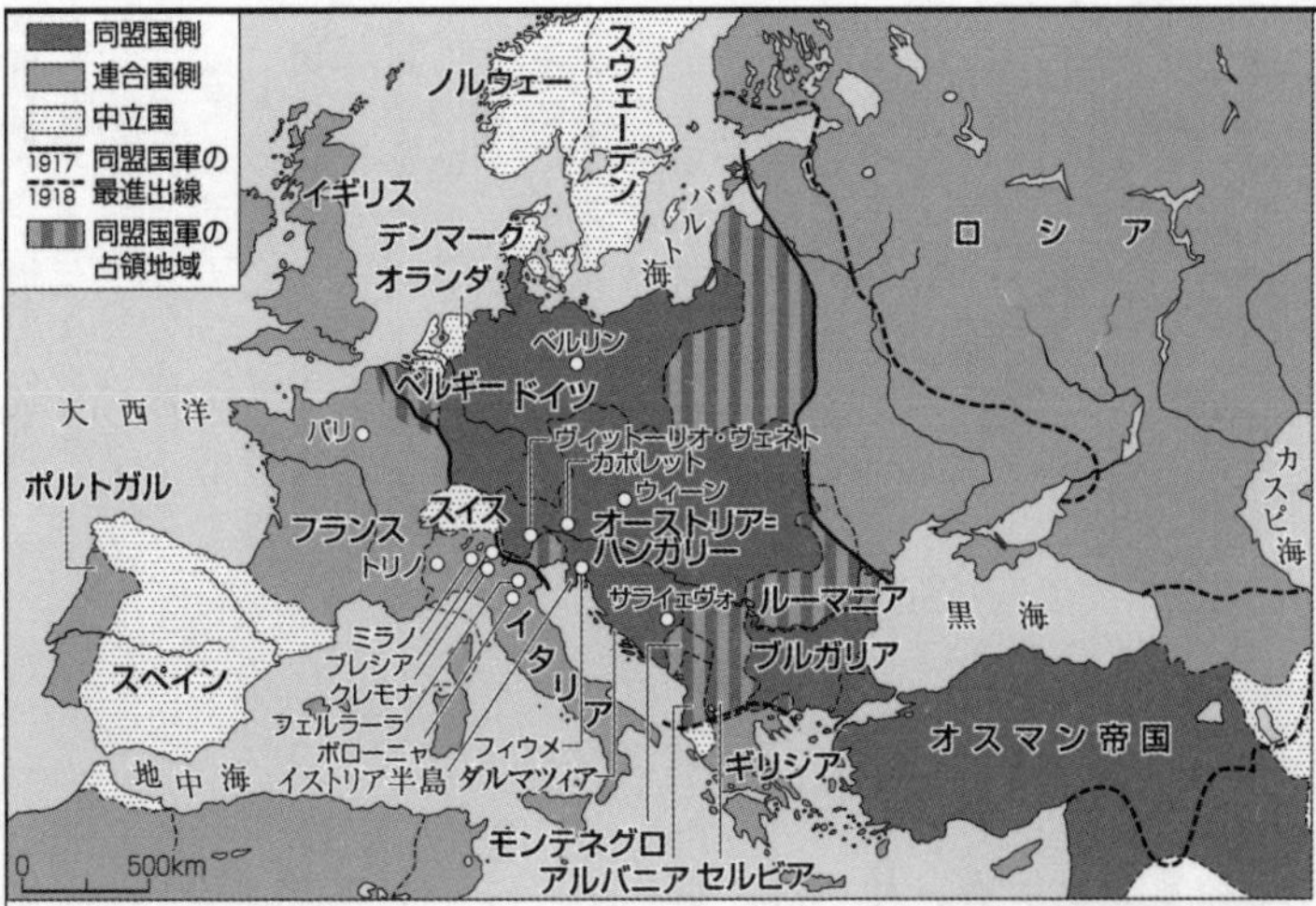

第一次世界大戦

ムッソリーニ（一九一四年）

フィリッポ・トゥラーティ（一八五七〜一九三二）　社会主義者、政治家。イタリア社会党の創設者の一人。一八九六年下院議員、改良主義派の指導者。第一次世界大戦へのイタリアの参戦に反対、マッテオッティ事件後のアヴェンティーノ・ブロックに参加、フランスへ亡命、パリで死亡。

レオニーダ・ベルガマスキ・ビッソラーティ（一八五七〜一九二〇）　イタリアの政治家。社会党の改良主義派の指導者、一八九七年下院議員。リビア戦争を支持し、一九一二年に急進派によって社会党除名後、ボノーミらとイタリア改良主義社会党を結成。第一次世界大戦で参戦論、戦時内閣に参加。

▼**植民地や自治領からの動員**　イギリスは兵士としてカナダやオーストラリアなどから約一〇〇万人、インドから一一〇万人を動員。フランスはアフリカやインドシナなどから五二万人を動員。ドイツの動員数は不明。労働者としてイギリスは一〇〇万人、フランスは数十万人を動員。植民地ではないが、中国からも数十万人の労働者がヨーロッパに送られた。

▼**アントーニオ・サランドラ**（一八五三〜一九三一）　イタリア右派の政治家。第一次世界大戦勃発時に首相、当初中立を表明。協商国とロンドン秘密条約を締結、三国同盟を離脱し、協商国側で参戦決定。独裁体制に移行する一九二五年までファシズムを支持。

た交戦国は、イギリス・フランス・ロシア・アメリカ側の連合国が一三カ国以上、ドイツ・オーストリアの同盟国側が四カ国以上、死者は軍人九〇〇万人以上、民間人七〇〇万人以上、捕虜九〇〇万人に達した。イギリス・フランスをはじめ各国は植民地や自治領からも兵士や労働力、資源を大量に動員▲した。

イタリアはドイツ・オーストリアと三国同盟を結んでいたが、サランドラ▲政権はドイツ・オーストリアからの参戦要請を拒否した。三国同盟の責務は同盟国が攻撃を受けた場合に限られており、今回のようなドイツ・オーストリアの攻撃に協力する義務はないと回答し、八月一日に中立を宣言した。圧倒的多数のイタリア国民はこれを歓迎した。実際、イタリアはリビア戦争▲で資金と軍備を使い果たし、戦争に加わることは不可能であるという認識を指導階級全体が共有していた。また、「赤い一週間」が示したように、国内には革命の危険さえあった。

重工業と金融界を中心とする産業界は、中立によって参戦国からの軍需を期待していたが、動力燃料や海上輸送のイギリス依存が制約要因となり、軍需に対応できなかった。戦争の影響で貿易が停滞し、インフレが昂進し、失業が危

▼リビア戦争(一九一一年九月〜一二年十月) イタリア・トルコ戦争、トリポリ戦争ともいう。リビア北部のトリポリとキレナイカの奪取をめざすイタリアが、一九一一年九月にトルコにしかけた戦争。勝利したイタリアは、一二年十月ローザンヌ条約で両地の支配権を獲得した。

機的状況になったため、産業界と金融界は参戦による軍事産業の興隆を期待しはじめた。参戦論者は初めは親ドイツのナショナリストなどごく少数であったが、しだいにドイツ・オーストリア側ではなく、イギリス・フランス・ロシアの協商国側での参戦論が中小ブルジョアジーを中心に高まってきた。参戦論者は、諸民族の圧政からの解放を主張する民主的参戦派、膨張主義のナショナリスト、戦争を通じて権威主義体制の確立をめざす人々、戦争を「冒険」「本能の解放」と賛美する未来派の知識人、中欧諸帝国に対する戦いを階級闘争とみる左翼参戦派などさまざまであった。

中立から参戦へ――イタリアとムッソリーニの参戦論への転向

イタリア社会党は、オーストリアの対セルビア宣戦布告の前にいち早くイタリアの中立支持を表明した。ムッソリーニは『前進』の一九一四年七月二十六日号に「くたばれ戦争」と題する論説を書いた。「最大の責任はオーストリア・ハンガリーにある」「イタリアの任務は戦争が早く終わるように、そして、絶対的中立の立場をとるように努力することである」「イタリアはヨーロッパ戦争になった場合も、破局におちいりたくないなら、とるべき態度は唯一、絶対的中立である」と中立支持を主張していた。

しかし、イタリアが三国同盟側で参戦する可能性が減少し、協商国側での参戦論が広がってきた八月後半になると、ムッソリーニの考えはゆらぎはじめた。参戦について「現実のナショナルな地平に立って」「論理的に考える」ことを提案し、「われわれは親フランスであり、選択を強いられるなら、より小さな悪を選ぶ」と絶対的中立の立場を放棄しはじめた。そして、ムッソリーニは十月十八日の『前進』の論文「絶対的中立から能動的・効果的中立へ」において、協商国側での参戦論に転換した。そこでは、「社会党の中立は最初から反ドイツ・オーストリアで親フランスの中立であり」「中欧が勝利し、旧体制を玉座につけた時でも、われわれと革命を救うはずの戦争に反対し、絶対的中立を守るのか」「われわれは世界史の最も劇的な時代に生きている。この偉大なドラマの無気力な傍観者でいることを望むのか、それとも主役になることを望むのか」と問い、参戦論を主張した。社会党指導部はすぐさま戦争反対の立場を再確認し、ムッソリーニの参戦論を否定した。ムッソリーニは『前進』編集長を辞任し、社会党を去った。翌月の十一月十五日、ムッソリーニはミラノで自分の新聞『イタリア人民』を創刊したが、これには、協商国側でのイタリアの参戦を働きかけてきたフランス社会党やフランス政府の資金援助があった。

ムッソリーニが参戦論に転換した理由としては、各国の社会主義政党や労組の戦争協力によるインターナショナリズムの崩壊、ドイツとオーストリアの軍国主義と侵略性、フランスやベルギーの祖国防衛戦争の正当性、中立を維持した時のイタリア単独での防衛への不安などが挙げられる。しかし、決定的な要素は、ヨーロッパの主要国を巻き込んだこの戦争が、歴史的な大変動をもたらすという予感にもとづいて、「歴史の傍観者ではなく、主役になる」ために参戦するべきと考えたからである。参戦論に転じてからは、ムッソリーニはナショナリズムと膨張論を全面的に肯定した。また、「戦争がイタリア人にイタリア人の観念と自覚を与えることができる」のであり、「イタリア国民の創造のために戦争をおこなうべきである」と、戦争を国民形成の手段として肯定した。政府や政治家に対しては「戦争かそれとも革命か」、王室に対しては「戦争かそれとも共和制か」と迫った。一四年十二月に彼は革命派の参戦主義者の集団である「革命行動ファッシ▲」に参加した。

イタリアにとってこの戦争は、三国同盟の束縛によって断念してきたオーストリア領のトレンティーノとヴェネツィア・ジューリアの「未回復のイタリア」獲得のチャンスであった。それゆえ、政府はオーストリアや協商国側と交渉し、領土要求の実現を追求した。政府は中立維持の代償としての領土要求に対するオーストリアの譲歩が不十分と判断し、一九一五年四月二十六日に協商国とロンドン秘密協定を調印した。政府は「神聖なるエゴイズム」と称し、協商国側での参戦を決定した。

残る問題は、中立派のジョリッティ▲が率いる議会多数派を崩し、参戦の承認を得ることであった。政府は協商国との約束が議会で否決されるなら退位するとの国王の決意を広めるとともに、さまざまな議会工作をおこなった。最終的には、ムッソリーニらの参戦派がのちに「輝ける日々▲」と名づけた大都市の街頭と下院への暴力行動が、中立派の議員たちを屈服させ、上下両院は五月二十日に参戦に関して政府に全権をゆだねる決議をした。五月二十四日、イタリアはオーストリアに宣戦布告し、戦争に突入した。議会が暴力に屈し、参戦を承

▼**「革命行動ファッシ」**　サンディカリストのデ・アンブリスらが一九一四年十月に参戦をとなえて結成した国際主義革命行動ファッシに、ムッソリーニが新たに参加して一四年十二月に結成。ムッソリーニが一九年三月に結成した戦闘ファッシの母体。

▼**ジョバンニ・ジョリッティ**（一八四二〜一九二八）　政治家。一九〇三〜一四年の大半で首相の地位にあり、この時期はジョリッティ時代と呼ばれる。社会党や労働組合との協調を進め、自由主義的・改良主義的な政策を実施。第一次世界大戦への参戦に反対。一九二〇年六月に首相、二一年六月選挙でファシスト党との選挙連合を結成し、ファシストの議会進出と正統化を助けた。

認したことは、イタリア議会政治の自己崩壊の始まりであった。

　イタリアにとってのおもな戦場はオーストリアとの国境地帯であった。ムッソリーニも一九一五年八月に召集され、狙撃兵連隊に所属した。イタリア軍の装備や糧食は貧弱で、死亡したオーストリア兵の靴や物資を収得して使用するほどであり、コレラやチフスなどの病気も蔓延した。勇ましく参戦論を煽動していたムッソリーニであったが、現実の戦場は悲惨で厳しく、一九一七年一月の彼の戦場日記には「雪、寒さ、果てしない退屈、秩序、反秩序、無秩序」と記されている。彼は一七年二月に演習中に重傷を負い、入院し、同年八月に退院、病気休暇後、除隊となった。ミラノに戻ったムッソリーニは『イタリア人民』で戦争への国民の一致協力を訴え、軍需産業に接近し、新聞社の経営再建に取り組んだ。『イタリア人民』紙の副題を、一八年八月以後「社会主義の日刊紙」から「戦士と生産者の日刊紙」に変え、社会主義を放棄した。のちにファシズムの主要概念となる「戦士と生産者」がここに現れた。

　イタリア軍は武器や食糧・装備の不足、補給体制の不備、無謀な攻撃作戦などにより、多数の死者、負傷者、脱走兵を出した。ロシアが革命により戦争か

▼**「輝ける日々」**　一九一五年五月に起こった第一次世界大戦へのイタリアの参戦運動。一九一五年四月のロンドン秘密条約調印後、ダヌンツィオら参戦主義者の街頭と国会前での暴力的行動によって、中立派の議員を屈服させ、議会で参戦を承認させた。

狙撃兵のムッソリーニ

負傷したムッソリーニ　演習中に榴散弾の爆発によって重傷を負った。

ら離脱したのちに、ドイツ軍の支援を受けたオーストリアの攻撃によって、一九一七年十月にイタリアは「カポレットの敗北」と呼ばれる大敗を喫し、大量の捕虜と死傷者を出し、オーストリア軍にイタリア領内深くに侵攻された。一八年になると、アメリカの本格的な参戦とオーストリア・ハンガリー帝国内の諸民族の反抗により、戦争は連合国側に有利に展開するようになった。イタリアは司令官を交代させ、同年十月に反撃に転じ、ヴェネト地方のヴィットーリオ・ヴェネトでオーストリア軍に勝利し、十一月に第一次世界大戦をかろうじて「勝者」として終えた。しかし、イタリアはムッソリーニが期待したような「歴史の主役になる」ことはできなかった。

ムッソリーニの結婚と家族、女性関係

ムッソリーニは一九一〇年一月にラケーレ・グイーディと結婚したが、教会婚や民事婚の公式の手続をしなかった。ラケーレは、ムッソリーニの父と同棲して、共同で食堂を経営していた未亡人のアンナ・グイーディの娘で、ムッソリーニの母親のかつての教え子であった。同年九月に長女エッダが誕生した。

一九一六年九月に長男ヴィットーリオ、一八年に次男ブルーノ、二七年に三男ロマーノ、二九年に次女アンナ・マリアが生まれた。ムッソリーニ夫妻が正式に婚姻届を出したのは一九一五年十二月十六日であり、ムッソリーニが軍隊在籍中にチフスにかかり、病院に収容されている時であった。その理由は、『前進』編集長時代にミラノで愛人関係にあった女性イーダ・ダルセルが、自分がムッソリーニの正式な妻であると各所で主張し、トラブルが広がっていたからであった。ダルセルとのあいだに一九一五年十一月に生まれた子どもはベニート・アルビーノと名づけられ、ムッソリーニは非公式に認知した。ムッソリーニは女性関係に無節操で、首相になってからもムッソリーニを崇拝する多数の女性と性的関係を持ち、サルファッティやペタッチなどと愛人関係になった。彼は一九二五年に教皇庁との関係改善を企図して、教会でラケーレとの結婚式をひそかにおこなった。

「戦士のファッシ」の結成からローマ進軍へ

イタリアは戦勝国ではあったが、戦争被害は甚大で、動員兵士約六〇〇万人

▼ヴィットーリオ・ムッソリーニ（一九一六～九七）　ムッソリーニの長男、脚本家・映画製作者。ファシズム政権期のイタリア映画連盟会長、サロ共和国時代は父の秘書。戦争末期にアルゼンチンへ逃亡、一九六七年帰国。

▼ブルーノ・ムッソリーニ（一九一八～四一）　ムッソリーニの次男、空軍パイロット。エチオピア戦争、スペイン戦争に参加、一九四一年テスト飛行中の事故で死亡。

▼ロマーノ・ムッソリーニ（一九二七～二〇〇六）　ムッソリーニの三男、ジャズピアニスト、作曲家。ソフィア・ローレンの妹と結婚、娘のアレッサンドラ・ムッソリーニは右派の政治家。

▼アンナ・マリア・ムッソリーニ（一九二九～六八）　ムッソリーニの次女、末っ子。戦後、ラジオ番組司会者。

●—**ラケーレ・アンナ・グイーディ**（一八九〇〜一九七九、写真前右）　ムッソリーニの妻。ムッソリーニとのあいだに三男二女。ムッソリーニの首相就任後も一九二五年までフォルリで子どもたちと生活。その後、ムッソリーニとローマのトルローニア邸に移り住み、邸内に野菜畑や鶏小屋をつくり、農家的な生活スタイルを続けた。政府や党の公式行事にはいっさい参加しなかった。戦後数年間、収容後、釈放。

●—**エッダ・チアーノ**（一九一〇〜九五、写真前左）　ムッソリーニの長女、ガレアッツォ・チアーノ（八〇頁用語解説参照）と結婚。ヴェローナ裁判で死刑とされたチアーノの助命を父ムッソリーニに求めたが、かなわず。以後、ムッソリーニと関係断絶。スイスに亡命。戦後イタリアに帰国。

●—**ムッソリーニ一家**（一九三〇年）　三男ロマーノを抱くムッソリーニの隣が長女エッダ。その前が次男ブルーノ、その隣が長男ヴィットーリオ。妻ラケーレは、次女アンナ・マリアを抱いている。

●**イーダ・イレーネ・ダルセル**（一八八〇～一九三七）　ムッソリーニの愛人、ムッソリーニが非公式に認知した子ベニート・アルビーノの母。ムッソリーニの正式の妻と主張し、種々のトラブルを引きおこした。一九二六年に政府によって精神病院に強制入院、精神病院で死亡。

●**ベニート・アルビーノ・ダルセル**（一九一五～四二）　ムッソリーニとダルセルの子。一九一六年一月、ムッソリーニが認知。二五年ムッソリーニから一〇万リラの贈与。海軍に入隊、通信士コース終了後、中国へ航海。帰国後、精神病院に強制入院、精神病院で死亡。

●**マルゲリータ・サルファッティ**（一八八〇～一九六一）　作家、芸術評論家、ヴェネツィアの裕福なユダヤ系。ムッソリーニの支援者、愛人。一九二五年英語版のムッソリーニの伝記『ベニート・ムッソリーニの人生』、二六年イタリア語版『Dux』出版。三八年人種法の施行後、イタリアを出国。戦後、帰国。

●**クラーラ・ペタッチ**（一九一二～四五）　ローマの医者の娘、一九三〇年代後半からのムッソリーニの愛人。四五年四月、ムッソリーニとスイスへ逃亡の途中にパルチザンに逮捕され、ムッソリーニと一緒に銃殺。

のうち、戦死者六五万人、負傷者一〇〇万人、捕虜六〇万人、民間人の死者は六〇万人に達した。戦費は一五七〇億リラにのぼり、国債は戦争前の四倍になった。対外負債は対アメリカ二〇億ドル、対イギリス四億ポンドに達していた。一九一九年一月から始まったパリ講和会議では、イタリアはロンドン秘密協定で約束されたトレンティーノ、アルト・アディジェやヴェネツィア・ジューリアの領有を認められたが、イストリア半島やダルマツィア、フィウメ▲は民族性の原理から難しい状況であった。イタリアではこれは「損なわれた勝利」と宣伝され、オルランド内閣が辞任した。同年九月のサンジェルマン条約でダルマツィアの主要部とフィウメ以外は獲得したが、憤慨したナショナリストや元突撃隊▲兵士を率いた国民的詩人のダヌンツィオ▲が、同月にフィウメを占領し、その後約一年間、同地を支配した。

戦争中の軍事特需で工業は飛躍的な発展をとげたが、農業生産は大きく低下し、社会経済構造の不均衡は拡大した。大量の兵士の復員により、失業者が激増した。一九一九年には物価高騰に抗議する騒擾が主要都市で起こり、農村部では戦争中に政府が農民兵士の士気を鼓舞するために宣伝した「農民に土地

▼**フィウメ**　現在、クロアチアのリエカ、イタリア語名がフィウメ。イストリア半島のアドリア海北東部のクロアチア最大の港町。戦時中、イタリア系市民がイタリアへの併合を宣言、一九二〇年ラパッロ条約で独立自由市、二四年ローマ条約でイタリア領、四八年ユーゴスラヴィアに併合。

▼**突撃隊**　第一次世界大戦中にイタリア軍内に創設された、勇猛果敢で知られた攻撃部隊。攻撃の最前線や塹壕急襲、偵察で活躍した。戦後は、その多数がダヌンツィオやムッソリーニの運動に流入した。

▼**ガブリエーレ・ダヌンツィオ**（一八六三〜一九三八）　イタリアの作家、詩人、ナショナリスト。第一次世界大戦への参戦運動で活躍。当初はムッソリーニ政権を支持、その後、隠遁生活。

を」の約束の実行を求める土地占拠の実力行使が、復員兵の農民を中心に中南部で展開された。工場内での闘争も激化し、賃上げと労働条件の改善を求めるストライキが頻発した。トリノのフィアット社では工場評議会▲が設置され、工場占拠をおこなった。一九一九年から二〇年にかけてのこのような騒擾と「革命の夢」の時代は「赤い二年間」と呼ばれている。

ムッソリーニは戦後政治の争点を、戦争勝利の実質化と戦争中の参戦論対中立論であると考え、参戦主義者の政治組織の結成を進めた。一九一九年三月二十三日、ムッソリーニの呼びかけで約一〇〇人がミラノ商工連合の建物に集まり、「戦士のファッシ」▲を結成した。彼らは、未来派、サンディカリスト、アナーキスト、学生、元突撃隊員など雑多な人々から構成されていた。結成宣言では、「戦争の経験のなかに偉大なものがある」と戦争を賛美し、「アルプス地方とフィウメ、ダルマツィアの併合の実現」「帝国主義は経済的・精神的に成長しつつあるすべての国民の生存の基盤である」と帝国主義を肯定し、「中立主義は祖国に対する犯罪」と糾弾した。六月に公表された「戦士のファッシ」の綱領は、「未耕作地を塹壕《ざんごう》から帰還した農民に」、八時間労働制、最低賃金制

▼工場評議会　工場内に形成される労働者の代表組織。グラムシが理論化。一九一九年に北部の大企業の工場で結成。二〇年の工場占拠運動で労働者による自主的生産管理を試み、その後衰退。

▼「戦士のファッシ」　一九一九年三月にムッソリーニが呼びかけ、ミラノのサン・セポルクロ広場にあるミラノ商工連合会館で、参戦主義者や元突撃隊員ら約一〇〇人を集めて結成された組織。ファシスト党の前身。結成時からのファシストは「サン・セポルクリスタ」と呼ばれた。

▼**イタリア人民党**　一九一九年一月カトリック教徒の政治的組織化のために、司祭のルイージ・ストゥルツォ(四七頁用語解説参照)が創設。同年十一月選挙で第二党。二六年にファシスト体制によって解散。四三年キリスト教民主党として再建、国民解放委員会に参加。第二次世界大戦後の政権政党、一九九四年汚職追及のなかで解散。

度、職能代表議会、戦時利得の八五パーセント没収などを掲げていたが、政治上の主要な敵は社会党であり、街頭の暴力行動が運動形態であった。「戦士のファッシ」は結成直後の一九一九年四月と十一月に社会党機関紙『前進』本部を襲い、放火する事件を起こした。ファシスト運動は、当初、北部の都市を中心に雑多な人々を吸収してある程度広がったが、一九年十一月の総選挙ではムッソリーニが立候補したミラノ選挙区で二七万票の投票総数のうち四六五七票しか獲得できず(社会党は一八万票)、全国で議席ゼロという惨敗を喫した。この選挙は、同年八月に比例代表制に改正された選挙法によっておこなわれ、社会党が一五六議席を獲得し第一党に(得票率三二・三パーセント)、同年一月に結成されたカトリックの人民党が▲一〇〇議席(二〇・五パーセント)をえて第二党になった。自由主義者や民主派の諸グループは合計二一六議席で過半数に達しなかったが、人民党の閣外協力で政権を発足させた。

選挙後にはムッソリーニが上述の『前進』社の襲撃事件に関して逮捕・起訴され、「戦士のファッシ」は急速に支持を失っていった。ムッソリーニは選挙結果に意気消沈し、「人生で初めて自分に対する自信を失い、落胆のあまり、再び外国移住を考えた。また、政治を捨て、劇作家か遍歴吟遊詩人になることを考えた」と、のちに長男ヴィットーリオに語っている。選挙の敗北で『イタリア人民』の発行部数も「戦士のファッシ」のメンバーも激減し、一九二〇年初頭には政党としては実質的に壊滅状態であった。このような状況に直面して、ムッソリーニは一九二〇年五月の第二回全国大会で路線を大きく右に転換した。

農村ファシズムの興隆と「黒い二年間」

ファシストの暴力が猖獗《しょうけつ》を極めた一九二〇年秋から二二年秋までの間を、「赤い二年間」との対比で「黒い二年間」と呼ぶことがある。

北部の都市部では一九二〇年八月から九月にかけてトリノから広がった、工場労働者の賃上げや労働者参加を求めたストライキに対して経営者側が工場を閉鎖すると、労働者側が工場占拠と自主生産で対抗した。経営者たちは、ロシアのような「革命」の始まりの恐怖におちいった。ジョリッティ政権は労働運動の疲弊を待つ不介入路線をとり、最終的には労使の妥協で解決した。しかし、これは経営者側に政権への不信と革命の不安を植えつけた。

北中部の農村では、一九二〇年秋からムッソリーニの「戦士のファッシ」（「都市ファシズム」）と直接的な関係のないかたちで、「農村ファシズム」が急速に勃興した。十月の地方議会選挙でミラノとボローニャを除く大都市部で、自由主義者からナショナリストやファシストまで参加する政府与党の「国民ブロック」（「愛国者ブロック」）が勝利し、社会党は後退した。この機に乗じて、ファシストは「自治体社会主義」を打倒すべく、大々的な暴力行動を展開した。一九二〇年十一月二十一日、地主や教師・サラリーマン・自営業者・職人・学生などの中小ブルジョアジーや退役軍人からなるボローニャのファシストが「行動隊」を組織し、社会党市長の就任式を阻止するためにボローニャ市庁舎を襲撃した。発砲、爆弾炸裂により死者が出る大惨事となった。この「懲罰遠征」と称したファシスト行動隊の暴力、破壊、放火、殺害の行動はロマーニャ地方から全国へまたたくまに拡大した。各地のファッシは「ラス」▲と呼ばれた指導者のもとで連携しながら「懲罰遠征」を繰り返し、地域を支配していった。ムッソリーニは各地のファッシの集会に行き、暴力活動を煽動し、連帯を表明した。こうして、工業・農業ブルジョアジーや地主、中小ブルジョアジーは、

▼ラス　地方ファシズムの半軍事的ボス、語源はエチオピアの部族長の意味。警察や軍の黙認・支援のもとで一九二〇～二二年に組織的な暴力を行使して、地方政治と社会を支配。独裁体制確立後は無用となり、地方権力を喪失し、党や政府の官僚になった。

●―クレモナのファシスト行動隊とラ・スペツィアの鉄道員行動隊

●―パルマ市制圧に向かうファシスト行動隊（一九二二年八月二～六日）

●―フィレンツェのファシスト女性行動隊（一九二〇年代）

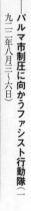

「赤い二年間」の復讐、社会党や人民党の勢力を破壊する手段をファシストに見出だした。警察や軍はファシストに武器や物資を提供して支援した。ファシストと社会主義者・共和主義者とのあいだの闘争は内戦の様相を帯びた。このラスのなかには、のちのファシスト体制の幹部になるバルボ▲(フェルラーラ)、ファリナッチ(クレモナ)、グランディ(ボローニャ)、トゥラーティ(ブレシア)などがいた。

一九二〇年六月に政権に復帰したジョリッティは、哲学者のクローチェ▲など無党派の著名人、人民党、民主派、改良派社会党員などを閣内に入れ、改良主義的な政策を進めることにより、社会党、労働組合やカトリック勢力を取り込み、政権の安定を図ろうとした。ファシズムに対しては、ムッソリーニを通じての「議会化」により、騒乱と暴力の統制をねらった。ジョリッティはファシストの「議会化」と社会党・人民党の弱体化を期待して、ファシストと自由主義政治家の選挙連合名簿「国民ブロック」を結成し、二一年五月十五日の総選挙にのぞんだ。この選挙でファシストは三五名当選した。社会党は一二三議席に後退したが(一九二一年一月結成の共産党は一五議席)、人民党は微増し、ジョ

▼イタロ・バルボ(一八九六～一九四〇)　フェルラーラのラス、ファシズム体制の有力サブリーダー。大西洋横断飛行に成功し、国民的人気を獲得、空軍相、リビア総督。親ドイツ政策や人種法、第二次世界大戦への参戦に反対。北アフリカ軍司令官となり、一九四〇年六月リビアにて飛行機で視察中に、誤ってイタリア軍の対空砲火で撃墜、死亡。

▼ベネデット・クローチェ(一八六六～一九五二)　イタリアの観念論の哲学者、歴史家。ジョリッティ内閣の文相、最初ファシズムを支持。一九二五年「反ファシスト知識人宣言」を起草。「忠誠の日」(八〇頁参照)に上院議員のメダルを寄贈。国民解放委員会に自由党の代表として参加。バドリオ内閣、ボノーミ内閣の大臣。

●—ロベルト・ファリナッチ(一八九二〜一九四五) クレモナのラス、非妥協派の指導者。「戦士のファッシ」の結成に参加、ファシスト党書記長(一九二五年二月〜二六年三月)。親ナチ、反ユダヤ主義政策支持。一九四三年七月の大評議会で親ドイツ政府樹立の独自の決議案提出。四五年四月スイスへ逃亡途中にパルチザンに逮捕され、銃殺。写真は訪独時のもの。左から五番目がファリナッチ。右はルドルフ・ヘス。

●—ディーノ・グランディ(一八九五〜一九八八) ボローニャのラス、ファシズム体制の有力サブリーダー。外相、駐英大使、法相、ファッシ協同体議会議長。親イギリス派。一九四三年七月の大評議会にムッソリーニ解任決議案提出、可決。休戦交渉のためポルトガルへ出国。戦後ブラジルへ亡命、一九五〇年代に帰国。写真は駐英大使時代のもの。

●—アウグスト・トゥラーティ(一八八八〜一九五五) ブレシアのラス、サンディカリスト、ファシスト党書記長(一九二六年三月〜三〇年十月)。党の規律強化、中央集権化と官僚的画一化を推進。余暇や福祉分野の党付属組織を創設、強化。一九三〇年代に腐敗事件が暴露され、除名、流刑。四三年七月以降、レジスタンスを支援。戦後、ファシスト幹部を理由に有罪判決、恩赦。

▼**マンチェスター学派**　十九世紀前半に産業革命期のイギリスで、マンチェスターなどの工業利害を背景に自由貿易を主張した経済学の学派。

リッティのもくろみは失敗に終わった。選挙中もファシストの暴力はやまず、一〇〇名以上の死者が出た。結局、ジョリッティはファシストを正統化しただけで、ファシストの「議会化」は実現できず、逆にムッソリーニは議会(合法性)と暴力(非合法)という二枚のカードを手にした。ファシストは選挙後に急速に勢力を増大させ、一九二〇年末に二万人であったファッシ加盟者は、二一年末には一〇倍以上の二五万人になった。

ファシスト党の国会議員のリーダーとなったムッソリーニは、一九二一年六月三十日にジョリッティ辞任後の次期首相候補について国王から諮問を受けた。その直後、側近に「国王とのこの会談はわれわれの政治的・精神的方向にとって特に重要な価値を持つ」と語った。それより前の六月二十一日、ムッソリーニは下院で初めて演説し、「ラテンとローマの伝統は今日、カトリシズムによって代表されている」「国家の機能を削減し、国家は警察、軍、司法、対外政策に限定すべきである」「マンチェスター学派▲の国家に戻るべきである」と述べ、経済的自由主義を鮮明にするとともに、宮廷、軍、資本家やカトリックに接近した。同時に「暴力はわれわれにとってはスポーツであり、持続的に必要なものである」とファシストの暴力を正当化した。

ファシストの暴力は選挙後も続いたが、親ファシストの警察と軍がこれを取り締まらなかったために、党派をこえてファシストの暴力に対抗する「人民突撃隊▲」が各地で形成されはじめた。ムッソリーニは孤立化を恐れ、一九二一年七月二日に社会党に相互に暴力を停止する「平和協定」を提案した。同月にはリグリア地方で国家警察が初めてファシストに発砲し、ファシストに死者が出た。ムッソリーニは治安当局がファシストの暴力の鎮圧に動き出す危険を感じ、八月二日に社会党などと「平和協定」を締結するとともに、ファッシを政党化し、統制できる仕組みをつくろうとした。ラスたちは激しく反発し平和協定を拒否したが、最終的にはムッソリーニと妥協し、ファッシの政党化を認めた。同年十一月の「戦士のファッシ」第三回全国大会では、ムッソリーニは「平和協定は過去に属する」と平和協定を事実上無効化しつつ、急進派ラスを代表するグランディと抱き合い、党内融和を演出した。こうして、「国民ファシスト党」が創立された。

▼人民突撃隊　ファシストの行動隊に対抗するために、一九二一年七月に結成された党派をこえた反ファシストの組織。二二年八月にファシスト行動隊の「パルマ進軍」を阻止。

▼ルイージ・ファクタ（一八六一〜一九三〇）　ジョリッティ派政治家。一九二二年二〜十月首相。ローマ進軍に対して国王に戒厳令の公布を求めたが、拒否され、辞任。

▼「四天王」　ムッソリーニによってローマ進軍の指揮官に任命されたデ・ボーノ、デ・ヴェッキ、バルボ、ビアンキの四人。ファシズム大評議会のメンバー。右写真の左からバルボ、デ・ボーノ、ビアンキ。次頁写真はデ・ヴェッキ。

ローマ進軍

大会後、ムッソリーニは政権獲得に向けた準備を進め、王制の容認、カトリック教会の賛美、工業界指導者との会談、ファシスト組合の強化とその統制を進めた。「懲罰遠征」は継続され、動員の規模も拡大した。一九二二年春から夏にかけてファシスト行動隊が北中部の都市を襲撃し、数万人を動員して地域を何日間も占拠・制圧した。ファクタ政権はこれに対処できず、七月に辞表を出し、後継内閣をめぐっていつもの政治交渉が繰り返された。ファシストによる地域の暴力支配と政府の混乱という事態のなかで、労働総同盟は政府によるファシストの取り締まりと「合法性」擁護を求めて、二二年七月三十一日に「合法スト」と銘打ったゼネストを宣言したが、ファシストの暴力によって完全に失敗に終わった。その結果、中小都市と農村部の労働者たちは、行動隊の暴力への恐怖と交渉力を失った社会党系や人民党系の労働組合への見限りから、ファシスト組合に大量に流入し、二二年秋にはその加入者は四五万人に達した。今や政治的な主導権はファシストの側に移った。

このような状況に直面して、既成政治家たちは、ムッソリーニを政権に取り込むことによって、ファシストを「合法化」「正常化」「脱暴力化」することを考えはじめた。これに対してムッソリーニは政権奪取のチャンスが来たと考え、大臣ポストではなく、首相の座を要求した。彼はこれを実現するために、ローマ進軍という賭けに出ることを一九二二年十月中旬に決めた。十月二十四日のナポリの集会で、ムッソリーニは「政府をわれわれに渡すか、われわれがローマに進攻して、政府を手に入れるまでだ」と宣言し、ビアンキらの「四天王」▲にローマ進軍の任務を託した。しかし、ムッソリーニは国王や旧来の政治家たちが政権をゆずるのか、戒厳令を実施しファシストを鎮圧するのか、確信を持てないままであった。ムッソリーニはミラノに戻り、バリケードで守られた彼の『イタリア人民』社の事務室のなかから、財界や保守政治家と政権獲得のための最後の交渉をおこなった。

十月二十七日、全国各地でファシストが動員され、市庁舎、鉄道駅や兵舎を占拠するとともに、ローマへの進軍が始まった。十月二十八日に国王ヴィットーリオ・エマヌエーレ三世▲はファクタ首相が求めた戒厳令への署名を拒否し、ムッソリーニに政権をゆだねる決定をした。十月三十日、列車でローマに到着

▼**ヴィットーリオ・エマヌエーレ三世**(一八六九〜一九四七) イタリア国王(一九〇〇〜四六)、アルバニア国王(一九三九〜四三)、エチオピア皇帝(一九三六〜四三)。ローマ進軍でムッソリーニを組閣指名。一九四三年七月の大評議会決議後、ムッソリーニ解任の宮廷クーデタを実行。四六年六月の国民投票で共和制決定後、エジプトへ移住。

ローマ進軍　左からファシスト副書記長のテルッツィ、バルボ、デ・ボーノ、ムッソリーニ、デ・ヴェッキ、ビアンキ。

▼「**黒シャツ革命**」　ファシスト行動隊は黒シャツを制服としていたので、行動隊のローマ進軍によるムッソリーニの首相任命を、ファシストは「黒シャツ革命」と呼んだ。

したムッソリーニは正式に組閣命令を受け、その夜、新内閣の名簿が国王によって承認された。

ローマ進軍は、軍事行動によってファシスト政権の樹立をめざしたもので、事実上のクーデタであり、ファシストにとっては「革命」であった。しかし、国王がムッソリーニを首相に任命したことはイタリア王国憲法の手続に則っており、法形式上はクーデタではなかった。国王が戒厳令に署名しなかった大きな理由は、軍とファシストの衝突を恐れたことと、ムッソリーニによる「秩序」の回復を期待したからである。十月三十一日にムッソリーニを首相とし、閣僚にファシスト三名、軍人二名、人民党二名、ナショナリスト一名、民主派と自由主義者四名、無党派一名の広範な連立政権が成立した。ファシスト以外の政治家や国民はファシストの「議会化」と社会の「正常化」が進むものと考えた。十一月十六日にムッソリーニが信任を求める下院での演説の冒頭で、「私は『黒シャツ革命』▲を最大限擁護し、強化するためにここにいる」「この陰気な部屋を〔ファシスト〕部隊の野営地に変えることもできた。議会を閉鎖し、ファシスト単独の政府をつくることもできた。それは可能ではあったが、少なくとも最初はしたくなかった」との、のちの独裁を予想させる脅迫的な発言をしたにもかかわらず、下院は圧倒的多数で信任した。反対は、社会党、共産党▲、共和党、サルデーニャ行動党（一九二〇年に結成されたサルデーニャ島の左翼の地域政党）であった。

しかし、「議会化」の幻想はその後二年も経ない間に消え、イタリアは独裁への道を歩むことになる。既成の政党や政治家は、第一次世界大戦が生んだ大衆民主主義時代の新しい極右政党、すなわちテロ組織を持つ政党の本質を理解していなかった。国民ファシスト党はこの点でも、両大戦間のヨーロッパの極右政党のさきがけであった。ムッソリーニは直感的にその意味を理解していたが、彼自身もそれがこの先どのようなものに発展するかまで見通していたとはいえない。

ローマ進軍直後のようす　左からビアンキ、デ・ボーノ、テルッツィ、ムッソリーニ、デ・ヴェッキ。

▼イタリア共産党　一九二一年一月イタリア社会党から左派が分離して結成。指導者はボルディーガ、グラムシ、トリアッティ。二六年非合法化。レジスタンス運動で基盤を広げ、戦後、第一野党、西欧で最大の共産党に発展。

③—ムッソリーニ政権の成立から独裁へ

連立内閣の政策

一九二二年十月三十一日に成立したムッソリーニ政権では、ムッソリーニ自身が首相、内相、外相という治安と外交の重要な大臣を兼任し、ほかには法相、財務相など要のポストをファシストが掌握した。ナショナリストの指導者フェデルツォーニを植民相に、哲学者のジェンティーレを教育相とした。ムッソリーニ政権が取り組むべき課題は、第一に、財政再建であった。ムッソリーニは十一月に行財政改革に関する一年間の期限の委任立法権を議会から認められると、労働福祉省・農務省・商工省の国民経済相への統合、財務省と国庫省の統合などの省庁の統廃合、公共部門の縮小、六・五万人の公務員削減などを実行した。デ・ステーファニ財務相は相続税の軽減、株式記名制の廃止、生命保険業の民間開放など、経済的自由主義の政策を推進した。この結果、戦後不況を脱したヨーロッパ経済の復活もあり、工業生産は著しくのび、失業者数も減少し、一九二四年度には国家財政は黒字に転じた。

▼ルイージ・フェデルツォーニ（一八七八〜一九六七、写真右）　ナショナリスト協会の創立者の一人、一九一三年下院議員。最初のムッソリーニ政権で植民地相、マッテオッティ事件後、内相。国家主義的な強権体制を構築。四三年七月のファシズム大評議会でグランディ決議に賛成。戦後、終身刑の判決、四七年恩赦。隣は国王ヴィットーリオ・エマヌエーレ三世。

▼ジョヴァンニ・ジェンティーレ（一八七五〜一九四四）　行動的観念論の哲学者、ファシスト体制のイデオローグ。公教育相、「ファシスト知識人宣言」の起草者、イタリア百科事典を監修。一九三一年の「大学人忠誠宣誓」を主導。四四年にフィレンツェでパルチザンによって殺害。

第二は、ファシスト党の機構整備と行動隊の統制による「正常化」である。一九二二年十二月に、ファシスト党と政府との活動の調整、党と行動隊の統制のため、党の機関としてファシズム大評議会が設置された。二三年一月にファシスト行動隊を自分の統制下におくために、国防義勇軍に改組した。しかし、実際には地方の行動隊はラスの支配下のままで、暴力はやまなかった。同年二月にナショナリスト協会がファシスト党と合同し、その結果ファシスト党に知的エリートが供給された。

第三は、ファシズム政権への広い国民合意を獲得するための、ローマ教皇庁への接近と人民党の切り崩しである。ムッソリーニは、政権成立直後から公共施設への十字架設置の承認、初等教育への宗教教育の導入、聖職者の優遇政策、教皇庁と密接な関係にあったローマ銀行の救済など「国家と教会との和解」政策を実行した。こうした実績によって、ムッソリーニを「神がつかわした人」と考える教皇ピウス十一世▲に人民党を切り捨てさせることに成功した。二三年四月に人民党内の右派が分裂し、二三年七月にファシズムとの協力に反対するストゥルツォ▲は、書記長辞任をよぎなくされた。

▼アルベルト・デ・ステーファニ（一八七九〜一九六九）　経済学者、政治家。一九二二〜二五年財務相。四三年七月のファシズム大評議会でグランディ決議に賛成。

▼ピウス十一世（一八五七〜一九三九）　一九二二〜三九年ローマ教皇。ファシズムを支持。一九二九年イタリア政府とラテラーノ協定を締結、和解。三八年人種法導入を批判。

▼ルイージ・ストゥルツォ（一八七一〜一九五九）　カトリック司祭、政治家。一九一九年イタリア人民党を創設、書記長。ファシズムとの協力に反対、二四年亡命。戦後帰国、終身上院議員。

第四は、下院の多数を獲得するための選挙法の改定である。ファシスト党の国会議員数は五三五議席中わずかに三五名で、社会党が一二三名の最大勢力であり、政権は社会改良派、人民党や自由主義者、民主派などの不確かな支持に依存していた。ムッソリーニが企図する政策の実行と政権の安定化のためには、ファシスト党が単独過半数を持つ必要があった。そのために、一九二三年七月に、全国合計で二五パーセントをこえた最多得票の政党名簿に議席の三分の二を与えるプレミアム制度の新選挙法（アチェルボ法）を社会党や人民党の反対を押し切って可決させた（教皇庁の圧力で、採択では人民党議員の大多数は棄権）。自由主義者や民主派は、「合法化」「正常化」されたファシストとの協調による「自由主義」の復活を夢みて、新選挙法に賛成した。新選挙法に反対した政治家たちは、ファシスト行動隊に襲撃され、命を落としたり負傷したりした。共産党は幹部がつぎつぎと逮捕され、国会議員だけが議員の不逮捕権によって活動できるという状況で、事実上の非合法状態におかれた。

第五は、工場における秩序の回復と生産活動の安定化である。経済再建のために生産力の向上を至上命題とし、総選挙を控え工業界の支持を得る必要があ

▼エドモンド・ロッソーニ（一八八四〜一九六五）　ファシスト・サンディカリズムの指導者。ファシスト系の全国労働組合総連合を結成、書記長就任。首相府次官、農務相。ファシズム大評議会でグランディ決議に賛成。亡命、一九四七年帰国。

首相として仕事をするムッソリーニ

ったムッソリーニは、ファシスト組合総連合書記長のロッソーニ▲を抑制する決断をした。一九二三年十二月、ファシスト組合総連合と工業総連盟との間で、相互の自立組織の尊重とファシスト組合への「優先的代表権」の承認、労使を統合した組合協同体の否定を内容とするキージ宮協定が調印された。

第六は、対外関係の安定である。ムッソリーニはすでに一九二〇年九月の「ファシストの帝国主義」と題する演説において、「イタリアは地中海からすべてのヨーロッパ政策を指揮する運命にある大国である」「われわれの帝国主義はローマの帝国主義である」と、アドリア海、地中海への勢力拡大の意図を述べていた。しかし、この連立政権では旧来の自由主義政権時代の外交が継承されていた。イギリス・フランスとの協調と国際連盟の枠組みが機能し、イギリス・フランスのヘゲモニーが強かったために、軍事行動による領土拡張の可能性は存在しなかった。

一九二三年八月のイタリア軍によるギリシア領コルフ島の占領事件では、外交交渉の結果、イタリア軍は島から撤退した。二四年一月にユーゴスラヴィアとローマ条約を結び、フィウメをイタリアに併合し、その代わりに周辺地域をユーゴスラヴィア領とすることで領土問題を解決した。二五年には、ドイツの国際社会への復帰と国境の現状維持を認めるイギリス・フランス・イタリア・ドイツのロカルノ条約に調印し、二六年にはアルバニアを事実上の保護国とするティラナ条約を締結した。

一九二四年選挙とマッテオッティ危機

一九二四年四月六日に新選挙法にもとづく総選挙がおこなわれ、権威主義的な自由派の一部を取り込んだファシストの「国民リスト」が六〇・一パーセントを得た。アチェルボ法のプレミアムにより、国民リストは三五五議席を獲得し、地方ファシストのリストと合わせて、合計三七四議席を獲得する大勝となった(総定数は五三五議席)。人民党九・〇パーセント(三九)、統一社会党五・九パーセント(二四)、社会党五・〇パーセント(二二)、共産党三・七パーセント(一九)などで、野党の合計は三五・一パーセント(一六一)であった。しかし、北部では野党の得票の方が多かった。選挙中のファシストの暴力と選挙の不正はすさまじく、社会党の国会議員が殺害される事件も起こった。

●一九二四年総選挙の結果

政党・選挙リスト	得票数	得票率(%)
国民リスト	4,305,936	60.1
政府リスト	347,552	4.8
与党合計	4,653,488	64.9
ファシスト異論派	18,062	0.3
統一社会党	422,957	5.9
社会党	360,694	5.0
共産党	268,191	3.7
共和党	133,714	1.9
人民党	645,789	9.0
自由派	233,521	3.3
立憲派	157,932	2.2
社会民主党	111,035	1.6
農民党	73,569	1.0
サルデーニャ行動党	24,059	0.3
スラブ人・ドイツ人連合	62,491	0.9
計	7,165,502	100

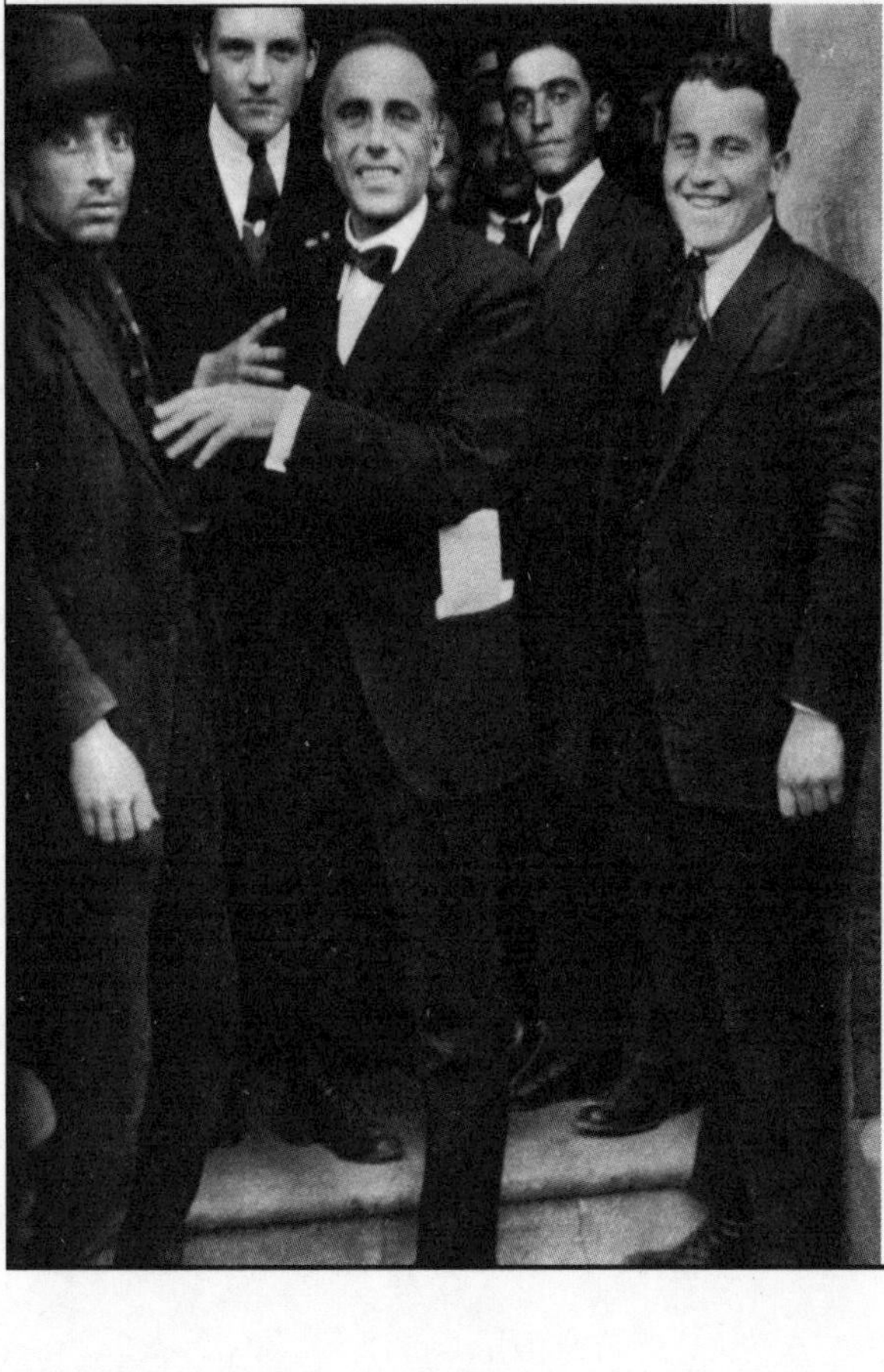

●ジャコモ・マッテオッティ(一八八五〜一九二四、中央)　統一社会党の政治家。下院議員。一九二四年五月に下院で四月の選挙中のファシストの暴力と不正行為を断罪後、チェカーにより拉致殺害。写真は、仲間とともに国会を出るマッテオッティ。

新しい下院では五月三十日に統一社会党▲書記長のマッテオッティが、ファシストの選挙中の暴力と不正を激しく告発し、選挙の無効を主張した。この演説はムッソリーニや彼の側近の首相府出版局長ロッシ▲を怒らせ、ムッソリーニは「チェカー▲(ファシストの秘密警察)は何をしているのだ。あのような演説をしたあとで、あんな奴をうろうろさせてはならない」と叫び、ロッシは「マッテオッティのような連中に対して言える言葉はただ一つだ。ピストルを放たなければならない」と怒った。六月四日には、ムッソリーニは「唯一の解決策は情け容赦なく、叩きつぶすことだ」と側近たちに怒りをぶちまけた。六月十日にマッテオッティはファシストに拉致・殺害された(死体発見は八月六日)。拉致発覚後すぐに犯人たちは逮捕されたが、実行犯の中心はロッシと親しく首相官邸に出入りしていた人物であったので、世論はマッテオッティの失踪へのムッソリーニの関与を疑った。一部閣僚が辞表を提出するなど、政権内に亀裂が生じはじめていた。フィンツィ▲内務次官は関与を疑われ辞任し、ロッシやファシスト党事務長のマリネッリらが逮捕された。野党勢力は共同行動委員会を結成したが、方針の違いがすぐに明らかになり、足並みが乱れた。

▼統一社会党　一九二二年十月結成。ファシストの暴力に対抗するため、ジョリッティら自由主義者と社会党などとの連合政権の形成を試みたことを理由に、革命派によって社会党を除名されたトゥラーティら改良派が結成した政党。マッテオッティが書記長。

▼チェーザレ・ロッシ(一八八七～一九六七)　サンディカリスト出身のファシスト、ジャーナリスト。ファシスト体制初期にムッソリーニが最も信頼した側近。マッテオッティ事件でスケープゴートにされるのを恐れ、ムッソリーニの事件への関与のメモを公表。逮捕され、三〇年の禁固刑。

▼チェカー　ソ連の反対派抑圧のための政治警察。転じて、反対派抑圧のためのフィンツィ内務次官指揮下のムッソリーニの個人的なファシスト犯罪集団。

▼アルド・フィンツィ(一八九一～一九四四)　内務次官、ユダヤ系。チェカーの責任者。マッテオッティ殺害事件で内務次官辞任。一九四二

ムッソリーニはファシストの暴力と非合法をおさえると表明するとともに、六月十七日に国王と会談し、権力にとどまる意思を伝え、了解を得た。野党側は「アヴェンティーノ・ブロック」▲を結成し、国会をボイコットし、世論に訴えることで、国王による国会の解散とムッソリーニの解任を求める運動を進めた。しかし、ムッソリーニは下院を無期限に休会させ、野党の新聞や政府に批判的な新聞の発行停止と検閲を強行し、世論の沈静化を待つ戦術をとった。この間、ムッソリーニは妥協策と強攻策とのあいだで逡巡していた。十一月に国会が再開されたが、共産党以外の野党勢力は欠席を続けた。工業界や軍の一部からは「正常化」を求める声が上がったが、ファシストの非妥協派から逆に「革命の第二波」を要求する暴力行動が起こった。この結果、ムッソリーニは政治体制の全面的な転換をおこなう決断をし、一九二五年一月三日に下院で「独裁宣言」と呼ばれる演説をおこなった。「もし、ファシズムが犯罪団体であったなら、私がこの犯罪団体の首領だ」「二つの勢力が争ってゆずらない時は、その解決方法は力である」「イタリアは平和、平穏、平静な労働環境を必要としている。われわれは、もし可能ならば愛によって、必要ならば力によって、

年、党を除名。四三年九月からパルチザンを支援、ナチス占領軍に逮捕。アルデアティーネの虐殺で殺害された。

▼**「アヴェンティーノ・ブロック」** 一九二四年六月のマッテオッティ殺害事件後、ムッソリーニ政権打倒のため、約一五〇人の野党議員が議会をボイコットし、結成した抗議行動のグループ。民主主義派のアメンドラがリーダー。国王がムッソリーニを信任したため、抗議行動は敗北。

それをイタリアに与えるであろう。私のこの演説から四八時間以内に状況が全国で明確にされるであろう」と宣言した。

翌日、フェデルツォーニ内相が各県知事への通達で、公の場でのあらゆる示威行動の禁止、「政治的な観点からみて公秩序の維持にとって危険な」サークル・団体の解散、集会所やバール▲の閉鎖を指示した。その結果、反ファシストが大量に逮捕された。ムッソリーニは軍を直接掌握するために、一九二五年四月から五月に陸相と海相を辞任させ、彼がこれらを兼任した。同時に、「消滅すべき残滓《ざんし》であり、時代錯誤であるスクアドリズモ▲の一掃」のために、地方行政および地方ファシズムへの統制を強化した。二六年二月には市町村の首長の公選制が廃止され、県知事による任命制に変えられた。二七年一月の内務省通達でファシスト党の県連書記に対する県知事の優越性を確認した。一九二六年十一月に、ファシスト党以外の政党や団体の解散、言論・集会・出版の自由の剥奪、国家防衛法制定と国家防衛特別裁判所▲の設置、秘密警察（ＯＶＲＡ）▲の設置、国家反逆罪に対する死刑の導入、共産党議員全員の逮捕、アヴェンティーノ派議員の議席剥奪、首相への法律制定権の付与などの一連の措置により、警

▼バール　喫茶店、スナック。地域の人々のたまり場の役割を果たしている。

▼スクアドリズモ　政敵、新聞社、組合事務所などに対するファシストの武装暴力行動。一九二〇～二二年のファシズムの台頭に決定的な役割を果たし、ポー川流域やプーリア地方で隆盛した。権力獲得後は邪魔者になり、二五年十月武装解除。スクアドは部隊の意味。

▼国家防衛特別裁判所　ファシスト政権が反ファシスト弾圧のために設置した軍事法廷。一九二七年～四三年七月に七二〇件の裁判、五一五五人有罪判決、二九人死刑、七人終身刑、多数が流刑。共産党指導者のグラムシも二〇年の刑で服役中に獄死。

▼秘密警察（ＯＶＲＡ）　一九二七年に内務省の公安警察特別部を発展させ、設置された警察長官直属の政治警察。共産主義運動や反ファシズム運動の監視と捜査を専門としたが、ファシスト幹部の行動の監視・盗聴もおこない、ムッソリーニに報告し

ていた。

察国家化とファシスト独裁体制の機構を形成していった。反ファシストは外国への亡命か国内での刑務所や流刑、あるいは沈黙をよぎなくされた。これらの弾圧措置は、一九二五年十一月から翌年十一月までに起こったムッソリーニに対する四件の暗殺計画や暗殺未遂事件も口実にされた。

マッテオッティ誘拐から一九二五年一月三日のムッソリーニの独裁宣言まではマッテオッティ危機と呼ばれる。このマッテオッティ危機はファシズム政権最大の危機であり、これをファシスト武装集団の暴力行動と警察国家化によって突破することを宣言した二五年一月三日は、自由主義国家と自由主義的議会制の崩壊を画す転換点であり、国家形態の転換を意味した。一九二四年四月選挙の圧勝後も連立政権を維持したように、ムッソリーニは「ファシスト革命」と言いつつも、この危機までの支配の正統性原理は自由主義国家と議会制であった。また、ムッソリーニは、ヒトラーの『わが闘争』▲のようなマスタープランや綱領も持っていなかった。しかし、二五年一月三日に独裁宣言をおこなったことにより、新たな国家の組織と正統性原理を打ち立てる必要に迫られた。

もともと、ムッソリーニはファシズム運動の特徴は「行動主義」であり、理

▼**『わが闘争』** ヒトラーの思想を全面的に展開した書物。ヒトラーは一九二三年十一月にミュンヘンでの一揆に失敗、逮捕され、獄中で第一巻(一九二五年)、出獄後第二巻(一九二六年)を口述筆記させ、出版。

▼アルフレード・ロッコ（一八七五〜一九三五）　法学者、政治家。ローマ大学法学教授、学長。ナショナリスト協会の理論的指導者、ファシスト党との合同にともないファシスト党員。法相（一九二五年一月〜三二年七月）、国家至上主義的なファシスト国家体制形成の中心。新刑法・刑事訴訟法を制定。

▼ファシスト知識人宣言　一九二五年三月に開催されたファシスト文化機関会議が推進した、イタリア文化人によるファシズム体制支持の最初のイデオロギー文書。ジェンティーレが起草。ローマの誕生の日とされる四月二十一日に発表。二五〇人が署名。これに対抗して、クローチェが起草した「反ファシスト知識人宣言」が同年五月一日に発表された。

論や原理を持たないことがすぐれた点であると主張し、さまざまな思想から便宜主義的にアイディアを借用してきた。しかし、マッテオッティ危機において、ムッソリーニはファシズムの知的ヘゲモニーの欠如を痛感した。それゆえ、法相にナショナリストのロッコ▲を起用し、ファシズム国家の法的整備とともに国家理論を構築させた。また、ファシズムの知的ヘゲモニー確立のために、一九二五年にジェンティーレを所長とする研究所を設立し、『イタリア百科事典』の出版を開始した。同年四月にジェンティーレらに「ファシスト知識人宣言▲」を発表させ、イデオロギー的正統化をめざした。一九二五年十月二十八日のローマ進軍三周年記念集会の演説では、「すべては国家のなかにあり、国家の外に何もなく、国家に反して何もない」と述べ、これがファシスト国家の公式テーゼになった。一九二六年十一月、国旗にファシズムの象徴であるファスケス（斧の周りに棒を束ねたもの）を組み入れ、二七年十月、ファシスト暦を導入するなど（ファシスト暦の第一年は一九二二年十月二十九日のローマ進軍から始まる）、ファシズム・イデオロギーの形成と注入に精力を傾けはじめた。

ファスケス　演説するムッソリーニの下と隣にみえる。

ファシスト党内の構造変化

フェデルツォーニ内相とロッコ法相による独裁の国家機構と国家理論が構築され、反対派が一掃されると、ムッソリーニにとって、ファリナッチらの非妥協派の暴力は社会秩序を乱す要素にすぎないようになった。一九二六年三月、ファリナッチ党書記長を解任し、後任にムッソリーニを崇拝するアウグスト・トゥラーティを任命した。一九二六年に党規約が変更され、「ファシスト党はファシズムのドゥーチェの指導のもとで、ファシズム大評議会の示す方針に従って行動する」「党の位階の第一位はドゥーチェ」と明記された。一九二八年十二月にファシズム大評議会を「国家の最高機関」とする法律が制定され、ムッソリーニはファシズムの「ドゥーチェ」として公式に国家のトップとなった。大評議会の権限に王位の継承、国王の権限についての諮問という項目が規定され、国王の地位をもおびやかすようになった。一九三二年の党規約にファシストのモットーとして「信じ、従い、戦うというドゥーチェの命令を忘れてはならない」と明記され、個人崇拝が強化された。こうして、ファシスト党はムッソリーニの個人独裁の道具となっていった。

ファシスト党の役割にも変化が生じた。一九二〇年代前半には「ファシズム革命」のエリートを養成していく機関として位置づけられ、新規の党員募集の停止、腐敗分子や体制への便乗者の除名など純化を進めた時期もあった。しかし、国家制度を通じて体制が政治と社会を全面的に掌握するようになると、ムッソリーニはファシスト党を大衆の合意調達の機関とする方向に転換した。その結果、ファシスト党員は拡大の一途をたどり、一九二五年十二月の六〇万人から二六年末には約九四万人にまでふくれあがった。スタラーチェ▲書記長のもとで、一九三二年にはファシズム革命一〇周年を記念して新規の入党を広く認め、さらに三三年に公務員、教師、警察官、軍将校にファシスト党への入党を義務づけた。以前から官庁や民間企業の就職や昇進に党員であることが有利ではあったが、公務員の入党義務化により、三三年十月には約一四〇万人になった。古参党員はこうした入党者を軽蔑し、「パンのためのファシスト」「家族のための党員」と呼んだ。三六年十一月にはエチオピア戦争の志願兵に入党を認め、四〇年には第二次世界大戦への参戦にともない、兵役についた者全員に入党を認め、特典として党歴を一九二五年一月からとする措置を決定した。まさ

▼アキッレ・スタラーチェ（一八八九〜一九四五）　ファシスト党書記長（一九三一〜三九）。党の社会への浸透と軍事化、ムッソリーニ崇拝を確立。ファシスト式敬礼など「ファシスト・スタイル」を導入したファシズムの「振り付け師」。サロ共和国に参加、一九四五年四月パルチザンに逮捕、銃殺。

ファシスト党員数

年	党員数（人）
1919 夏	17,000
1920 夏	100,000
1921. 3	80,476
1921. 10	217,072
1922. 5	322,310
1923. 7	625,290
1925. 9	700,000
1925. 12	599,988
1926. 3	637,454
1926. 12	937,997
1927. 9	1,000,052

1928. 10	1,027,010
1929. 12	1,051,708
1930. 7	1,040,508
1931. 12	825,754
1932. 10	1,007,231
1933. 10	1,415,407
1934. 10	1,815,777
1936. 10	2,027,400
1938. 10	2,430,352
1939. 10	2,633,514
1940. 10	3,619,848
1943. 6	4,770,770

ファシスト組合員数と構成比（一九二五年四月）

産業部門	人数	%
農業	694,842	39.4
職員	185,000	10.5
知識人・学校・劇場	103,799	5.9
金属	134,070	7.6
化学	63,765	3.6
繊維	57,595	3.2
その他	525,352	29.8
計	1,764,423	100

しく党員のインフレであり、一九四三年に約四八〇万人となり、人口が約四四〇〇万人のイタリアで、該当年齢男子の四人に一人が党員であるという状態になった。こうして、ファシスト党は戦争とともに、政治的・社会的・経済的意味と役割を失った。

全体主義への転換——国民の組織化

ファシズム体制がそれ以前の独裁体制と決定的に異なる点は、国民の自由を奪うだけでなく、さまざまな制度や機関を使って国民を体制に参加させ、統合したことである。

労働組合に関しては、一九二五年十月のファシスト組合総連合と工業総連盟とのヴィドーニ館協定でファシスト組合だけを合法的存在と認め、加入を事実上強制し、その組織をファシスト組合協同体として国家機関化した。しかし、ロッソーニが率いるファシスト組合が巨大化すると（一九二八年には約二八〇万人）、ムッソリーニはその自立化を恐れ、一九二八年にこれを工業、商業、農業など経営者側の組織に対応した六つの全国組織に分割させ、弱体化させた。

そして、ロッソーニの構想とロッコ法相の構想を混合したかたちで、一九三四年に産業分野ごとの協同体が設置された。「資本主義と社会主義に代わる第三の道」と自賛した協同体(コルポラティズモ)は、世界恐慌に苦しむ諸国から多数の視察団が訪れるなど注目され、一時期はイタリア国内の知識人や学生の知的な関心をひきつけたが、実質的な政治的・経済的機能を持つことができず、戦争下では生活困難にあえぐ加入者の相互扶助的な活動が主となった。

旧来の下院は一九二九年にロッコ法相の構想にもとづき、ファシスト協同体や各種団体の推薦者のなかからファシズム大評議会が選定した候補者に信任投票する「職能議会」に変えられたが、これは一九三九年に廃止され、ファッシ協同体議院が設置された。しかし、この機関はムッソリーニ独裁体制のもとでは何の意味も持たなかった。

体制への国民の合意の調達と統合に大いに寄与したのは、ファシスト党とその付属の大衆組織および各種の公的な事業団の活動であった。最も成功した大衆組織は労働余暇事業団▲(ドーポラヴォーロ)である。これは、ナチスの歓喜力《かんきりっ》行団《こうだん》やソ連の同種の組織に大きな影響を与えた。この組織は健全な娯楽による

▼労働余暇事業団　一九二五年設立。当初は社会党や人民党系の相互扶助組織を吸収。三〇年代には政治やイデオロギーのないレジャーと福利厚生の組織として拡大。企業、地域、国家公務員・公企業の三分野で組織。職員層の八〇パーセント、ブルーカラーの二〇パーセント、農民層の八パーセントが加入。

●ドーポラヴォーロ主催の造船所でのコンサート

●ドーポラヴォーロによる遠足に参加する女性たち（一九三〇年代）

●繊維工場のドーポラヴォーロの少女たち

●ミラノのドーポラヴォーロによる非常用石炭の配給（一九三七年）

労働者の余暇管理を通じての生産性の向上をめざしたアメリカ仕込みのテクノクラートのジャーニと労働者の組織化をめざすファシスト・サンディカリストの共同から誕生した。ムッソリーニは、体制が社会問題に関心を持っていることを示すよい機会と考え、その全国組織化を承認した。一九二五年四月に設立された当初は、国民経済省の監督下にあり、予算が少なく独自の事業はおこなえなかったが、二七年五月にファシスト党の管理に移行後、党と国家の全面的な支援で急速に発展した。旅行、観劇や映画会、各種の競技会、文化活動、食糧・燃料の配給や割引制度、加入者の子どもへの贈物、農業博覧会、民族衣装大会など、地域や分野の特性に応じた多彩な活動が展開され、加入者は一九三九年には約三八〇万人に達した。ファシズム体制下の成人対象の最大の組織となり、体制への「脱政治化された同意」に寄与した。

全国バリッラ事業団は、ボーイスカウトやソ連のピオネールをモデルに、青少年に規律と軍事教育を注入するために、ムッソリーニの指示によって、一九二六年四月に設立された。全国の「バリッラの家」を拠点に、軍事訓練以外に、男女を対象にスポーツ、文化活動、海岸や山でのサマーキャンプ、女子向けに

▼マリオ・ジャーニ（?～一九三〇）　工業エンジニア、イタリア・ウエスティングハウス社の元取締役。

▼全国バリッラ事業団　一九二六年創設、三七年までリッチ（一〇二頁用語解説参照）が会長。バリッラの名は、十八世紀にオーストリア占領軍に抵抗したジェノヴァの「愛国」少年のあだ名に由来。当初は八～一二歳のバリッラと一三～一八歳の前衛団。三〇年代に性別・年齢別に細分化された。三七年にイタリア・リットリオ青年団に統合され、三九年に加入が義務化。四〇年時点でのリットリオ青年団の加入者八五〇万人。

▼ピオネール　旧ソ連の少年少女組織、一九二二年創設。共産主義青年団の指導下で、一〇～一五歳の少年少女が共産主義教育を受け、集団活動や奉仕活動をおこなった。一九九一年、ソ連の崩壊にともない解散。

音楽や家庭科の講座などもおこなわれた。各種競技会の優秀者には本、服、食糧などが与えられた。一九三六年の公式統計では対象年齢の男子の七四パーセント、女子の四九パーセントが加入し、加入者の合計は約二四〇万人であった。バリッラ事業団は、小学校での準軍事教育・体育教育や青年の職業教育、女性の育児指導や家政教育などもおこなった。

全国母子事業団は、一九二五年にベルギーの類似組織をモデルに、人口増加政策の一環として、乳児死亡率を減らすための衛生知識の普及と、困窮した母親や未婚の母、孤児の援助のために設立された。この事業団はカトリック教会や民間の慈善団体の活動や担い手を吸収し、全国で活動を展開した。これらの余暇事業団や母子事業団、ファシスト党関連組織は、国と地方レベルで膨大な数の役員と数十万人の活動家を有した。それは、小ブルジョアジーや「初期ファシストたち」に社会的な上昇の機会と国家のなかでの役割と地位・利権を与えることで、彼らの体制への統合に重要な政治的役割を果たした。

人口政策は、「人口数が国家の力の源泉である」と考えるムッソリーニが、特に力を入れた分野で、結婚と出産の促進がその柱とされた。一九二七年二月

●—「ファシズムの公現祭」での、ファシスト党からバリッラの子どもたちへの贈り物

●—「ムッソリーニの海の保養所」に来たバリッラの子どもたち（一九三〇年代）

●—**バリッラの塔**　フィアットの海の保養所。

●—**バリッラの制服を着るムッソリーニの子どもたち**（一九二〇年代）　長女エッダ（中）、長男ヴィットーリオ（左）、次男ブルーノ（右）。

●―**カルラーラのバリッラの家の竣工式での「狼の子」グループ**　「狼の子」は少年のバリッラのなかでも最年少のグループ。

●―**サレルノのバリッラ**　制服を持たず、靴を履いていない子もいる。

●―**イタリア少女団**　学校での成績優秀やバリッラの熱心な活動によって、十字架のバッジを授与された。

に導入された二二歳から六五歳までの未婚男性への独身税、結婚した若者への結婚手当▲の支給と結婚資金の貸付、子ども手当▲などさまざまな支援政策をおこなった。ムッソリーニは「父でないものは男ではない」と主張した。婚姻数は景気と戦争の影響で増減し、出生数は一九二一年から二五年の二九・九、一九三一年から三五年の二四・〇と低下し続けた。人口そのものは、自然増とアメリカにおける移民の規制などの影響で、一九二一年の三八四五万人から一九四〇年の四四九〇万人へと約二〇年間で一・一七倍に増えた。

女性政策も、戦争ができる国にするための国民づくりと男性至上主義的な「ファシスト的人間」の形成、国力増大のための人口増という、ファシズム体制のイデオロギーと政策目標のなかに位置づけられた。その基本原理は「女性の任務は家庭の維持、出産と子育て」であり、カトリック教会の考え方とも一致し、政府と教会が一体となって推進した。一九三三年に十二月二十四日を「母と子どもの日」と定めたり、一月六日のキリスト教の公現祭を「ファシズムの公現祭」と変え、ムッソリーニが貧しい子どもたちに贈り物をするなどした。また、男性の失業対策のために、女性の雇用の制限、女性賃金を男性賃金

▼結婚手当　一九三七年の制度では、二五歳までに結婚した労働者に七〇〇リラ、三〇歳までに結婚した事務職員に一〇〇〇リラ支給。二五歳未満で結婚した月収一〇〇〇リラ未満の者に、一〇〇〇〜三〇〇〇リラの無利子貸付制度もあり、子どもの数に応じて返済額が減額され、五人以上でゼロ。

人口一〇〇〇人あたりの婚姻数（一九二一〜三八年）

年	婚姻数
1921-30	8.17
1931-34	7.22
1937	8.9
1938	7.3

▼子ども手当　階級によって手当額が相違。労働者の場合は子ども一人は週三・六リラ、二〜三人は四・八リラ、四人以上は六リラ、事務職員にはその約一・三倍、商店従業員はさらに高く支給。

●子だくさんで褒賞をもらった農村の家族

●乗馬をするムッソリーニ（一九三〇年代、ローマのトルローニア邸）

●ファシスト党幹部の身体能力を誇示するためのかけ足閲兵　先頭を走っているのがムッソリーニ。

テニスをするムッソリーニ

▼「小麦戦争」　一九二五年にムッソリーニが提起した小麦などの穀物増産政策。小麦生産は増加したが、高い小麦価格により国民生活は困窮。南部の大土地所有を支え、農産物の不均衡が拡大した。

の半分以下に定める政令など、女性労働者を職場から追い出す施策が展開された。他方では、女性を家庭に戻すだけではなく、女性ファッシ、女子青年ファッシ、農村主婦団、工場・家庭で働く女性労働者団などを通じて、女性の政治的・社会的な組織化が進められ、数百万人がこれらに参加した。一九四〇年のイタリアの第二次世界大戦参戦によって、男性の労働力が不足し、労働の場から女性を排除する施策は中止された。

経済政策も一九二五年から二六年にかけて大きく変化した。貿易赤字と物価上昇、インフレに直面した政府は、経済的自由主義路線を放棄し、デフレ政策と保護貿易政策を推進した。ムッソリーニはリラの価値をファシスト体制の政治的威信の問題とみなして、「リラ戦争」と称し、リラ切り上げ政策を強行した。穀物輸入量を減らし、工業原料の輸入のための外貨確保のために、「小麦戦争」▲と称した小麦増産と干拓・開墾事業に力を入れた。穀物関税の復活による高価格の維持、品種改良や化学肥料の大量投入、農業機械の導入などにより小麦生産は増大したが、小麦不適地への作付け、畜産や柑橘類など他の作物生産の減少などにより、全体として農産物輸入はさほど減少しなかった。ファシ

人口一〇〇〇人あたりの出生数（一九二一〜四五年）

年	全国	北部	中部	南部	島嶼部
1921-25	29.9	26.6	28.2	36.3	31.0
1926-30	27.1	23.5	24.7	33.8	29.9
1931-35	24.0	20.3	21.5	30.8	27.2
1936-40	23.4	19.8	21.2	29.7	27.2
1941-45	19.9	16.6	17.5	25.3	24.2

ズム期の干拓面積は大々的な宣伝とは裏腹に、自由主義政権時代よりも少なかった。

ローマ問題の解決に向けて一九二六年から教皇庁と秘密交渉を開始し、一九二九年二月にラテラーノ協定を締結し、一八六一年のイタリア統一以来の課題であったイタリア王国と教皇庁との「和解」が実現した。ラテラーノ協定と政教協約では、ヴァチカン市国の樹立、中学校での宗教教育の導入、教会婚の法制化、カトリック活動団の宗教活動の自由などを認めた。これによって、ムッソリーニの威信は高まり、一九二九年三月の人民投票では政府提出の候補者名簿が圧倒的な多数で信任された。

④—「帝国」の建設と戦争

世界恐慌と経済システムの再編

ムッソリーニは、一九二〇年代は経済政策に関しては工業界・金融界とのあいだで自由主義経済政策を原則とすることを合意し、財務相ポストはデ・ステーファニ、ヴォルピ▲など経済界出身者にゆだねてきた。労使関係の規制や組合協同体組織も、ファシスト労働組合を通じて労働運動をおさえ、産業平和を実現し、生産性を上げることを目的としていた。しかし一九三〇年夏以降に深刻化した恐慌を、旧来のデフレ政策と賃金引き下げによって乗り切ることはできなかった。三大銀行▲の経営危機、大量の企業倒産、農産物価格の下落、ブロック経済化による貿易の著しい縮小が生じ（一九二九年と比べ一九三三年は輸出入合計が六割減少）、失業者は一九二九年の三〇万人から一九三三年に一〇〇万人以上と三倍となった。これに対して、工業・農業の労働者の非合法ストライキや労働者・農民・主婦らの抗議行動、騒擾が各地で発生した。ムッソリーニは、銀行や企業の政府による全面救済に乗り出すことにした。

▼ジュゼッペ・ヴォルピ（一八七七〜一九四七）　企業家。バルカンへの農産物輸出で成功、電力会社設立。トリポリ総督、財務相。一九三四〜四三年イタリア工業総連盟会長。四三年ナチスに逮捕、スイスへ逃亡。

▼三大銀行　イタリア商業銀行、イタリア信用銀行、ローマ銀行。

▼産業復興公社（ＩＲＩ）　三大銀行救済のため一九三三年一月設立。三七年恒久機関化。戦後、電力・金属・造船などの部門別公社に再編。政府債務の増加と政党との癒着批判により、九〇年代以後、民営化。

▼アルベルト・ベネドゥーチェ（一八七七〜一九四四）　経済学者、さまざまな公企業理事長。一九二一年ボノーミ内閣の労働厚生相。ムッソリーニ政権の経済政策顧問、南部鉄道会社長。三三〜三九年ＩＲＩ理事長。

一九三一年十一月に倒産の危機にある大企業と銀行を救済するために、政府資金による産業金融を目的とするイタリア動産公社（IMI）が設立され、三三年一月には三大銀行の産業投資の負債や政府関係機関の負債等を引き受けるために、産業復興公社（IRI）が設立された。IRIは鉄鋼・造船・海運など多くの企業と三大銀行を支配下においたが、ムッソリーニが述べていたように、これは国有化でも計画経済への歩みでもなかった。IRIは独立した経営体で、持ち株会社のかたちで傘下企業を所有し、その経営は政治から切り離され、組合協同体とも関係なく、ベネドゥーチェやシニガーリア、ユングなどの経済テクノクラートがおこなった。アウタルキー政策の実行に関しては、IRIは政府支援のもとで、代替品開発のための化学工業や軍需生産部門への投資と生産の拡大、石炭精製や鉱物資源開発のための民間会社を設立した。しかし、ムッソリーニが掲げた膨大な生産目標は達成にほど遠かった。「自力でやる」というスローガンを掲げ、工業に必要な原材料や機械の輸入を制限したために、工業発展と軍備の生産・最新化を阻害した。失業者数も、ドイツではナチスの軍備拡大政策により一九三二年の五六〇万人から三四年には半減したが、イタリ

▼オスカー・シニガーリア（一八七七～一九五三）　製鉄業企業家。ユダヤ系。一九三〇年代にイタリア製鉄業の再編に着手、三三～三四年、イルヴァ社長。人種法により公的職務から排除。戦後、IRI傘下の製鉄会社フィンシデル社長。

▼グイード・ユング（一八七六～一九四九）　企業家、金融専門家、政治家。ユダヤ系。一九二四年ファシスト党の下院議員。三二～三五年財務相、三三年IRI創設。四四年バドリオ内閣の財務相、為替相。

▼アウタルキー　自給自足経済。エチオピア侵略に対する国際連盟の経済制裁に対して、ファシスト政権がとった政策。輸出入を最小限にし、国内資源の最大限の活用をめざす。重工業への国家資源の大量投入、必要原材料の輸入制限、非効率な国産化、投資と消費のゆがみなどにより、経済の停滞と軍備の後進性をもたらした。

「**ローマ改造**」　ローマの古代遺跡「トラヤヌスの市場」を際立たせるために周辺の建物群が解体された。

建設中のテルミニ駅（一九三八年十二月、ローマ）

アでは三四年でも九六万人であり、エチオピア戦争の開始による軍事特需によってようやく減少が始まった。

一九三九年九月時点のイタリアの産業に占めるIRIの比率は、分野によっては非常に高いものであった。しかし、その支配下企業の大部分は、技術力も生産性も低いレベルであった。フィアット、テルニ、ピレッリ、イルヴァなど民間大企業はカルテルと寡占体制のもとで高利潤を得たが、技術革新や高度化、生産設備の更新は進まなかった。機械、自動車、航空機、戦車、大砲など軍備関連の生産能力はイギリス・フランスの六分の一から三分の一のレベルであり、石炭・石油・鉄鉱石などの資源産出量はもっと低く、一〇分の一から一〇〇分の一であった。イタリアではドイツの四カ年計画庁のような軍需生産を統制管理する政府機関はつくられず、効率的な戦時経済体制をつくることができなかった。

「第三のローマ」の建設——膨大な建築事業とムッソリーニ崇拝の形成

イタリアが軍需生産を高めることができなかった大きな原因は、アウタルキ

●政府の実質支出の構成比率（四年間の平均）

	1923-24/1926-27	1927-28/1930-31	1931-32/1934-35
国防	31.60	31.81	25.03
財政業務	15.07	13.95	11.32
公共事業	12.18	14.16	24.56
一般業務	1.27	2.91	2.20
教育	11.45	10.20	10.59
警察	7.46	7.41	5.28
司法	3.81	3.56	2.20
経済業務	4.79	4.47	6.48
鉄道	2.90	1.95	1.83
社会扶助	1.22	1.12	1.06
外国業務	1.00	1.36	0.98
植民地	4.00	3.84	2.51
宗教業務	0.62	0.58	0.40
企業助成・特別支出	-	1.78	5.57
計	100.00	100.00	100.00

●ファシスト党および党付属組織の構成員数（一九四〇年）

「戦士のファッシ」		3,619,848 人
ファシスト学生団		119,713
イタリア・リットリオ青年団		8,495,929
狼の子	1,587,406	
バリッラ	1,835,259	
イタリア少女団	1,759,625	
前衛団	988,733	
青年イタリア	434,204	
青年ファシスト（男）	1,313,590	
青年ファシスト（女）	527,112	
女性ファッシ		845,304
農村主婦団		1,656,941
家内労働者・職人団		616,286
学校ファシスト協会		179,971
初等学校部	127,172	
中等学校部	44,512	
大学教授部	2,944	
大学助手部	2,054	
美術館・図書館部	3,289	
ファシスト公務員協会		290,954
ファシスト鉄道員協会		142,924
ファシスト通信協会		83,563
ファシスト国営企業従業員協会		127,344
全国ドーポラヴォーロ事業団		4,035,239
イタリア退役将校連盟		266,894
イタリア・オリンピック国内委員会		713,246
イタリア海洋同盟		207,055
全国傷痍軍人協会		200,275
全国退役軍人協会		1,006,189
軍装備部門		673,184

●大国の軍事費（一九三〇～三八年、単位一〇〇万ドル）

	日本	イタリア	ドイツ	ソ連	イギリス	フランス	アメリカ
1930	218	266	162	722	512	498	699
1933	183	351	452	707	333	524	570
1934	292	455	709	3,479	540	707	803
1935	300	966	1,607	5,517	646	867	806
1936	313	1,149	2,332	2,933	892	995	932
1937	940	1,235	3,298	3,446	1,245	890	1,032
1938	1,740	746	7,415	5,429	1,863	919	1,131

ー政策にあるが、もう一つの原因として、ムッソリーニの個人崇拝と「ローマ神話」の形成、国民の支持獲得のために費やされた膨大な建築事業が挙げられる。世界恐慌によって生じた失業者対策として、ムッソリーニは公共事業に大規模な予算を投入した。公共事業費は、一九三一年から三五年の平均で軍事費とほぼ同額であり、国家予算の約二六・三パーセントを占めた。しかし、この公共事業は産業開発のためのインフラ整備ではなかった。「総合干拓」事業としてローマ近郊の沼沢地アグロ・ポンティーノを干拓し、リットーリオなど三つの新しい市が建設されたが、これは公共事業全体のごく一部であった。公共事業の中心は全国各地での「ファッシの家」、裁判所、バリッラ会館、駅舎、政府庁舎、市役所、ローマ大学都市、各地の大学校舎、スポーツ施設、住宅団地などであった。ムッソリーニは「ローマ改造」に異常な熱意を持ち、トラヤヌス帝▲、アウグストゥス帝▲の霊廟、マルチェッロ劇場▲、サンタンジェロ城▲などのローマ時代の建築物の発掘とその周辺の全面的な取り壊しを進めた。この目的は、「第三のローマ▲」を建設し、「ファシスト文明」を証明し、ファシスト体制とムッソリーニの偉業をたたえ、建築を通じて国民と体制を一体化し、現代

▼**トラヤヌス帝**（五三～一一七）　ローマ皇帝（九八～一一七）、五賢帝の一人。ヴェネツィア広場の奥にトラヤヌス帝の広場の遺跡がある。

▼**アウグストゥス帝**（前六三～後一四）　ローマ帝国初代皇帝（前二七～後一四）。第二回三頭政治を始め、その後、クレオパトラと結んだアントニウスを破って、元首制を開始。その霊廟はテヴェレ川沿いにある。

▼**マルチェッロ劇場**　前一一年頃完成の古代劇場、カエサルが建設に着手。ヴェネツィア広場の南、テヴェレ川沿いにある。

▼**サンタンジェロ城**　一三五年にハドリアヌス帝が自分の廟として建造、その後、ローマ皇帝歴代の墓。中世以降は要塞やローマ教皇の住居、牢獄などとして使用。

▼**「第三のローマ」**　ローマの栄光とファシズムとの結合を企図したファシストのスローガン。第一がローマ帝国時代の「皇帝たちのローマ」、第二が中世の「教皇たちのローマ」、第三が「ファシストのローマ」。

の「ローマ皇帝」としてムッソリーニを神話化▲することであった。建築運動のスローガンは「建てよ！　戦え」であった。

一九三二年にローマで開催されたファシスト革命一〇周年展覧会は二年間続けられた。ローマ見物を兼ねた旅行としても位置づけられ、余暇事業団を通じての列車の大幅割引乗車券の販売、学校生徒の動員などにより、全国から三七〇万人を動員した。また、ローマ進軍一〇周年に合わせて、ローマ市北部にローマ時代の皇帝のようにムッソリーニにささげられた「フォーロ・ムッソリーニ」(ムッソリーニの広場)、ヴェネツィア広場とコロッセオを結ぶ「帝国の道」が建設された。その後、オスティア海岸に続く「海の道」、テヴェレ川からサンピエトロ広場までの「和解通り」が建設され、一九四二年のローマ万国博覧会「E42▲」(その後、新都市「EUR▲」に変更)のための巨大な建物群の建設も着手された。EURや外務庁舎、テルミニ駅などの建築作業は、第二次世界大戦への参戦後も継続された。

政府と党による映画やラジオを通じての宣伝も、ムッソリーニ神話の形成に大いに貢献した。彼は重要な演説をラジオで全国に必ず放送させた。一九三五

▼ムッソリーニの「皇帝化」　一九四三年に鋳造された二〇リラ硬貨には、国王ではなくムッソリーニの像が、彼の言葉「羊として一〇〇年生きるよりも、ライオンとして一日生きる方がよい」とともに刻印された。

▼E42　一九四二年万国博覧会(Esposizione 42)の略語。イタリアは一九四〇年のオリンピック開催に名乗り出たが、日本の強い要請で降り、東京にゆずった。それに代わり、ローマは一九四二年の万国博覧会の開催地を獲得。

▼EUR　ローマ万国博覧会(Esposizione Universale di Roma)の略語。一九四二年の万国博覧会のためにムッソリーニがローマ市の隣に創設した新都市、エウル。第二次世界大戦勃発のため、万博は中止。新都市の完成は戦後。

干拓でできた新都市ポメーツィア設立式で演説するムッソリーニ

▼満州国　満州事変により、日本が中国東北部に建設した傀儡国家。清朝最期の皇帝溥儀を執政に、一九三二年三月建国、三四年に帝政、日本の敗戦とともに消滅。

年に首相府広報部を出版宣伝省に昇格させ、一九三七年には国民文化省に変えて権限を拡大し、新聞、ラジオ、映画、演劇などあらゆる文化活動の統制を強化するとともに、積極的な宣伝・教育活動を展開した。ムッソリーニは国産ラジオの生産に力を入れ、バリッラという名前の比較的安価なラジオの普及によって、ラジオ所有は一九二四年の二・七万台から一九三九年には一一七万台に達した(ドイツでは同年に一〇倍以上の一二五〇万台であった)。一九二六年以後、国家機関化されたイタリア教育映画機構が作成したムッソリーニとファシズム体制を賛美するニュースが、メインの映画の前に必ず上映された。

エチオピア戦争

ムッソリーニがファシスト政権の威信強化のために取り組んだのは、大量の建築以上に、対外侵略であった。一九三〇年代に入ると国際環境は大きく変化し、イタリアの対外侵略の実行可能性が広がった。その第一の契機は、日本による満州国▲の樹立に対して国際社会からの制裁がなかったことである。第二の、そして決定的な要素は、ドイツにおけるヒトラー政権の成立であった。ヴェル

●—アグロ・ポンティーノ干拓地で脱穀作業後、演説するムッソリーニ

●—フォーロ・ムッソリーニ　ローマ進軍一〇周年を記念して一九三二年にローマ市内北部に建設された巨大なスポーツ施設。三万人収容の「大理石の彫像のスタジアム」、一〇万人収容の「糸杉のスタジアム」(のちに、一九六〇年のローマ・オリンピックのスタジアムに改造)、南東側の入り口に「ムッソリーニ」と刻印した巨大なオベリスクを建設。現在の名称はフォーロ・イタリコ。

●—ローマ万博会場の模型をみるムッソリーニ(一九四二年、左端)

イタリアのエチオピア侵略

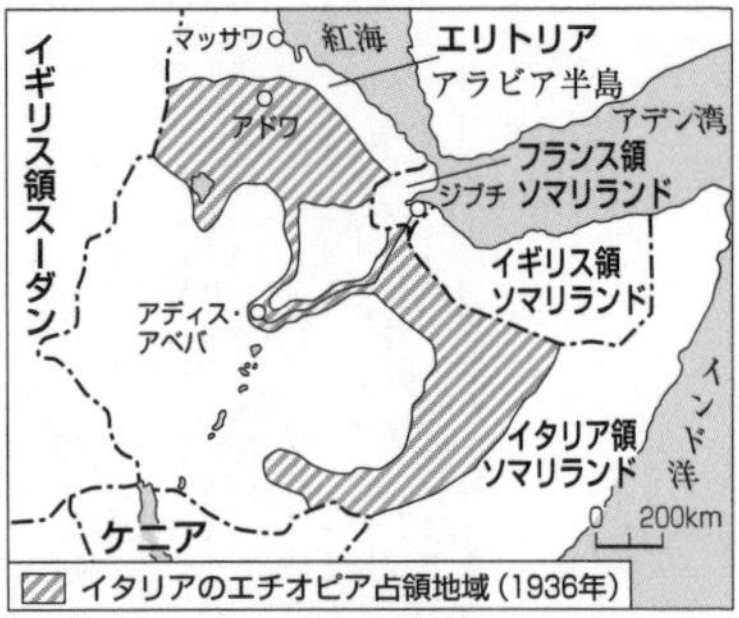

エチオピアでの軍事行動のための道路建設作業（一九三六年）

サイユ条約と国際連盟を全面否定するヒトラーの台頭によって、ヨーロッパの国際枠組みと勢力均衡に変化が生じた。ムッソリーニは、イタリアが「大国のなかの最弱国」であるとしても、ドイツ・フランス間、ドイツ・イギリス間の均衡のための「決定的重し」になれば、主体的な対外政策を展開できると考えた。こうして、ムッソリーニはイギリスの反応を基準点とする伝統的な外交政策を維持しながら、ヒトラー政権との距離を測りつつ、「ドイツ・カード」を利用して、スペインから東南欧、東アフリカ、アラビア半島を含む紅海にいたるまでの広い範囲で対外膨張政策に乗り出した。ただし、ムッソリーニは膨張の意思、帝国主義の思想を一貫して持っていたが、ヒトラーのような対外政策のマスタープランを持っていなかった。

一九三〇年代には対外政策面でもムッソリーニの決定権力がしだいに強まっていたが、エチオピア戦争に関しては、彼は国王、軍、外務省、ファシスト幹部と協議した。国王やバドリオら参謀本部は、軍事的準備の不十分さ、オーストリア併合をねらうドイツの侵攻の危険とアルプス国境防衛の弱体化を懸念して、エチオピア戦争には消極的であった。しかし、ムッソリーニは、一九三四

▼ピエール・ラヴァル（一八八三〜一九四五）　フランスの政治家。一九三〇年代に外相や首相。仏伊ローマ協定で対伊宥和政策を進めた。ヴィシー政権の首相。大戦後の裁判で反逆罪のかどで死刑。

エチオピアに派遣された黒シャツ隊のミサ（一九三六年）

年十二月にエチオピアの早期の完全征服をめざす軍事計画を作成し、一九三五年二月のファシズム大評議会でエチオピア問題の戦争による解決を決定した。イギリスとフランスの仲裁やイギリスの軍事的牽制を無視し、フランスのラヴァル外相からエチオピアでの自由行動を容認されたと考え、三五年十月二日、ムッソリーニはエチオピアでの戦争開始を宣言した。イタリアは、エチオピアに奴隷が残存していることを口実に、「文明、正義、解放者のイタリア人」対「野蛮、専制、奴隷使用者のエチオピア人」という図式をつくり、人種主義的な宣伝を強化した。しかし、これは対外的にはまったく効果がなかった。

総兵力三五万人以上のイタリア軍（八万人のイタリア人志願兵、前線兵士の半数以上はアスカリと呼ばれる五万人から六万人のエリトリア兵）がエチオピアに南北から攻め込んだ。大部分の志願兵やファシスト義勇軍兵士の動機は、失業からの脱却や帰国後の公務員・公企業への優先的な就職を期待してのもので、これらの部隊は正規軍の足手まといでしかなかった。しかし、ムッソリーニは軍の意向を無視して、戦争の「ファシズム化」とファシスト体制の宣伝、失業対策のために、ファシスト義勇軍と志願兵の派遣に固執した。

国際連盟は一九三五年十月十日に史上初の経済制裁をイタリアに対して決議したが、石油や綿、銅、鉄などが輸出禁止の対象外とされるなど、その規制はゆるいものであった。しかし、借款、信用、資本流入の停止はイタリア経済に打撃を与え、外貨不足をカバーするための金が不足した。政府は国民に国際連盟の制裁の不当性を訴え、三五年十二月十八日を「忠誠の日」に設定し、「祖国への金」として救国の金供出キャンペーンを展開した。これには結婚指輪を供出した王妃や反ファシズム知識人宣言を主導したクローチェ上院議員も上院議員のメダルを供出するなど、広範な国民が協力し、「ファシズムへの合意」の頂点といわれる。しかし、庶民のレベルでは結婚指輪をつぶして隠し、代わりにつくった模造の金・銀の指輪を供出するなどの面従腹背が広がっていた。

この戦争にはファシスト幹部たちが志願従軍した。ボッタイ▲、スタラーチェ、チアーノ▲、ファリナッチ、ムッソリーニの長男ヴィットーリオと次男のブルーノらの従軍は、「生死の境に生きる」ファシスト的英雄行為の体現として宣伝されたが、実際には功名や「スポーツとしての戦争」を求めての従軍であった。彼らは赤十字を爆撃し国際的な非難を引きおこしたり、無意味なパフォーマン

▼ジュゼッペ・ボッタイ（一八九五〜一九五九）　ファシズム体制の有力サブリーダー。ファシズム協同体論の理論家。国民教育相の時に学校憲章制定、人種法支持。グランディ決議に賛成。一九四三年七月後、フランスの外人部隊に参加。恩赦後の四八年帰国。

▼ガレアッツォ・チアーノ（一九〇三〜四四）　海軍提督コスタンチーノ・チアーノの息子、外交官、ムッソリーニの娘婿。出版宣伝相を経て、一九三六年外相。鋼鉄条約や第二次世界大戦の参戦には消極的であった。グランディ決議に賛成。ヴェローナ裁判で死刑。

「祖国への金」宣伝ポスター　「イタリア女性の愛と信念の寄付」（一九

三八年十二月二十二日『ドメニカ・コルリエーレ』紙）

ローマの帝国通りを行進するエチオピア人部隊（一九三七年五月五日、奥にみえるのはコロッセオ）

スを繰り返すなど、軍事作戦に混乱をもたらしただけであった。また、ムッソリーニは、戦争の最初からイタリア軍に国際法違反の毒ガスの大規模な使用を認めた。イタリア軍は一九三六年五月五日に首都アディス・アベバを占領し、五月九日にムッソリーニがローマのヴェネツィア広場から、「帝国」の成立と国王ヴィットーリオ・エマヌエーレ三世がエチオピア皇帝の称号を獲得したことを宣言した。同年七月、国際連盟はイタリアへの経済制裁の中止を決定した。

エチオピアは「陽の当たる場所」「巨大な農地」と宣伝されたが、実際には農業に不適な土地がほとんどで、入植した農民は一九四〇年末でわずかに約三〇〇〇人にすぎなかった。他方、継続するゲリラ活動の鎮圧のために、多数の軍が駐留を続けざるをえず、資源も食糧も物資もない植民地に膨大な費用が費やされた。それは「植民地経営なき帝国」の成立であった。エチオピアから帰国した兵士や労働者たちに約束された就職口はなかった。一九四一年末にエチオピアが解放されるまでのイタリアによる虐殺と強制収容所での苛酷な措置や餓死による死者は三〇万人以上といわれる。

この時期にはムッソリーニや国王・軍にはナチス・ドイツへの親近感よりも

▼**エンゲルベルト・ドルフース**（一八九二〜一九三四）　オーストリアのキリスト教民主党の政治家。一九三二年首相兼外相。イタリア・ファシズムに接近。三三年議会停止、オーストリア・ナチ党や共産党などを解散、三四年社会民主党を非合法化し、権威主義的国家を樹立。同年七月ナチスによって暗殺。

▼**クルト・シューシュニク**（一八九七〜一九七七）　オーストリアのキリスト教民主党の政治家。ドルフース暗殺後首相。ナチス・ドイツによる併合阻止に失敗し、一九三八年三月辞任。一九四五年までナチスに拘留。戦後アメリカへ移住。

警戒心が大きかった。ドイツによるオーストリア併合の阻止をイタリアの北部国境の安全保障にとって死活問題と考えていたムッソリーニは、ドルフース▲政権への支援を約束し、イギリス・フランスにもその独立支持への協力を求めていた。一九三四年六月十四日にムッソリーニはヒトラーとヴェネツィアで初めて会談したが、その内容は友好的なものではなく、ムッソリーニはヒトラーを「狂っている」と評した。七月、オーストリア・ナチスがヒトラーの指示のもと、ドルフース政権転覆と併合をねらい、首相を殺害した。この時はイタリアがオーストリアとの国境に二個師団を派遣し、軍事介入の姿勢を示したことにより、ドイツのそれ以上の行動は阻止された。八月にムッソリーニは新首相シュ▲ーシュニクと会談し、独立の保障を約束した。ムッソリーニは、同年十二月にスイスで開催したファシスト・インターナショナルの大会にナチ党を招かなかった。三五年三月にヒトラーが再軍備宣言をすると、四月に北イタリアのストレーザでイギリス・フランスと会談し、ナチス・ドイツに対して共同戦線をとることを合意した。このように、ムッソリーニはこの時期にはヒトラーと距離をおき、その膨張政策を警戒し、その抑制のためにイギリス・フランスと協

演説するムッソリーニ（一九三五年）

チアーノ（右）**とスペインのフランコ将軍**（左）（一九三九年三月二十八日、マドリード）

力した。

ヒトラーのエチオピア戦争とイタリアへの対応は二面性を持っていた。戦争勃発前はエチオピアに大量の武器を売却し、国際連盟の経済制裁下では制裁参加国の対イタリア輸出の迂回国となった。他方では、エチオピアへの武器と物資の輸出も継続した。その理由は、イタリアがエチオピア戦争によってヨーロッパ政治への関与が困難になることを、ヒトラーが期待していたからであった。それゆえ、ムッソリーニのヒトラーに対する不信は強いものであった。

スペイン内戦への介入とヒトラーとの同盟

一九三六年五月にエチオピアの併合と「帝国」を宣言し、七月に国際連盟の経済制裁が中止になった直後、イタリアのつぎの戦争が始まった。七月十七日に勃発したスペイン内戦への軍事介入である。七月二十四日にムッソリーニとヒトラーはフランコ支援のために軍事援助することで合意し、イタリアとドイツは空軍と軍事物資を、イタリアは加えて「志願兵」という名で陸軍と民兵を約八万人派遣した。この戦争はイデオロギー戦争の性格を帯びていた。イタリ

ヒトラーのローマ訪問(一九三八年五月、ヴィットーリオ・エマヌエーレ二世記念堂の前)

▼ヨハヒム・フォン・リッベントロップ(一八九三〜一九四六)　ナチス・ドイツの政治家。ナチ党の外交機関の長。一九三八〜四五年外相。独ソ不可侵条約、日独伊三国同盟を締結。ユダヤ人絶滅政策にも関与。ニュルンベルク裁判で絞首刑。

アとドイツが共産主義の阻止を掲げてフランコ側を支援し、ソ連が人民戦線政府側を軍事支援するとともに、各国の反ファシストも国際義勇軍を組織し、スペインにおもむいた。ヨーロッパ各地に亡命していたイタリアの反ファシストたちも、「今日はスペイン、明日はイタリア」を合言葉に戦いに参加した。イギリス・フランスをはじめヨーロッパの民主主義国の政府は、共産党の勢力拡大とスペインでの戦争がヨーロッパ戦争の導火線になることを懸念して、政府側も反乱側も支援しないという不干渉政策をとった。

　このスペイン内戦への介入期に、イタリアとドイツとの関係の緊密化とムッソリーニのヒトラーへの依存が進行した。チアーノ外相とリッベントロップ▲外相との会談直後の一九三六年十一月、ムッソリーニによる突然の「ローマ・ベルリン枢軸」発言、三七年九月のムッソリーニの初めてのドイツ訪問、同年十一月の日独防共協定へのイタリアの参加(日本・ドイツ間で三六年十一月調印)などの親ドイツ政策、同年十二月のイタリアの国際連盟脱退による国際的孤立化は、イタリアの対外政策の自立性を制約し、イギリス・ドイツのあいだでの「振り子政策」をおこなうことができなくなった。その結果、一九三八年三月にはムッソリーニはドイツのオーストリア併合を承認せざるをえなくなった。ヒトラーはすでに一九三七年十一月に軍と外務省幹部との会議の場で、イギリスが長期の戦争を恐れて対独戦争に介入しないという予想のもとに、オーストリアとチェコスロヴァキアの武力での解体と併合という軍事計画を表明していた。ムッソリーニはそれを知るよしもなかった。

ドイツ追随の対外政策を推進したのは、一九三六年六月に外相に就任したムッソリーニの娘婿のチアーノであった。ムッソリーニとチアーノはドイツの軍事力と経済力の強大さに圧倒され、ヒトラーへの不信と警戒心を持ちつつも、しだいにナチス・ドイツに心酔し、ナチズムをまねた政策を遂行した。ムッソリーニは、以前には否定していた反ユダヤ主義政策▲を導入し、三八年九月に反ユダヤ主義の人種法が、同年十一月にはさらに厳しい反ユダヤ法が制定された。このような人種主義政策の強行を国民や軍・官僚・工業界は冷めた目でみていた。「イタリアの人種差別はナチスの過ちの無意味な模倣」という間接的な表現ではあったが、公然と批判したのはカトリック教会だけであった。ナチスの模倣は反ユダヤ主義政策だけではなかった。三八年にドイツ軍の「ガチョウの

▼反ユダヤ主義政策　人種法は、イタリア人をアーリア人種と規定し、ユダヤ教徒をユダヤ人とした。一九三八年九月と十一月の人種法は、外国籍ユダヤ人の追放、イタリア人とユダヤ人の通婚の禁止、学校・研究所のユダヤ人教員の解雇、国公立の学校からのユダヤ人生徒の追放、ファシスト党と軍・公職からの追放を定めた。第一次世界大戦やファシズムの戦争の功績者やその遺族は除外した。

▼**「ガチョウの行進」**　ナチス・ドイツ軍隊の行進スタイル。足をのばして行進する格好がガチョウの歩行に似ていた。イタリアではドイツのまねでないとするために、「ローマ式歩調」と名づけた。

▼**ミュンヘン会談**　一九三八年九月二十九日のイギリス・フランス・ドイツ・イタリアの四カ国首脳会談。対独戦争を恐れたイギリスのチェンバレン首相が主導し、四カ国の協定でズデーテン地方のドイツへの割譲を決定。宥和政策の典型。

行進▲」をまねた「ローマ式歩調」が導入され、握手が禁止され、右手を高く上げるファシスト式敬礼が強制された。また、「言語改良事業」と銘打った言語政策が展開され、イタリア語から外国語の単語が除去され、敬称のlei(あなた=女性代名詞の三人称)は軟弱とされて使用が禁止され、代わりにvoi(二人称複数形)の使用が強要された。

ただ、ムッソリーニはヒトラーとは異なり、ヨーロッパにおける全面戦争を回避したいという願望を持っていた。彼の構想するイタリアの「振り子」の「決定的な重し」政策は、ヨーロッパ主要国の勢力均衡と平和を前提としており、彼にとって「全面戦争」はあくまで脅しであった。一九三八年九月にはヒトラーの膨張を懐柔するために、イギリス・フランス・ドイツ・イタリアのミュンヘン会談▲でチェコのズデーテン地方のドイツへの併合を認める宥和政策をイギリス・フランスとともにおこなった。しかし、三九年三月のドイツによるチェコスロヴァキアへの侵略と解体・併合に対するイギリス・フランスの放置をみて、ムッソリーニも軍事行動を開始した。三九年四月には保護国であったアルバニアに軍隊を派遣し、事実上併合した。そしてついに、同年五月二十二

ナチス・ドイツの勢力拡大

日、ドイツと軍事同盟条約(鋼鉄条約)を締結した。この条約は、締約国の一方がほかの大国との戦争に入ると、他方の締約国も参戦の義務が生じる双務的な軍事同盟であった。また、「ともに戦争をおこなう場合は、双方の合意なしに休戦協定や講和を結ばない」とも規定されていた。ヒトラーはイタリアの軍事力と軍事経済の貧弱な状況を認識しており、彼にとってはイタリアの任務は地中海においてイギリス・フランスの反撃を抑制することであった。

ムッソリーニ自身もイタリアの軍事的・経済的限界を認識しており、鋼鉄条約を結んだ直後の一九三九年五月三十日にヒトラーに秘密書簡を送り、「金権的・保守的諸国〔イギリス・フランス〕との戦争は不可避である」といいつつ、「イタリアには準備期間が必要であり、それは一九四二年中かかる」「リビアやアルバニアを軍事的に整備し、エチオピアを平定し、そこから五〇万人の兵を移動させる」「六主力艦の建造と改造」「一九四二年のローマ万博の実現による外貨の獲得」などを理由に挙げ、ヒトラーに戦争を急がないよう要請した。八月二十六日には「モリブデン・リスト」と呼ばれるイタリアに不足している原材料のリストをヒトラーに送った。そこには、一二カ月間の戦争に必要な石炭、

ヒトラーを歓迎する人々（一九三八年）

鉄、木材、石油、硝酸、鉛、モリブデンなど、合計一八〇〇万トンの物資が列挙され、「これらの軍需品が確保できなければ、私とあなたの大義は危うくなるだろう」と書いた。しかし、ヒトラーは同日、石炭、鉄、木材を除いて拒否回答した。イタリアを軍事的・経済的・政治的に縛りつけたヒトラーは、同年八月二十三日に独ソ不可侵条約締結後（付属の秘密協定でドイツとソ連によるポーランドとバルト三国の分割を取り決めた）、九月一日にポーランドに侵攻した。ポーランドとその独立保障の条約を結んでいたイギリス・フランスが九月三日にドイツに宣戦布告して、第二次世界大戦が始まった。

だが、ムッソリーニは上記のような経緯から、すぐには参戦せず、「非交戦国」を公式に宣言し、ヒトラーもこれを容認した。イタリア国民の大多数は、非交戦宣言にほっとした。しかし、ムッソリーニにとって、この非参戦は「戦争に生きる」ファシスト精神、「ファシスト的人間」、ファシスト国家の形成の失敗を意味し、ローマ帝国の後継者というファシスト神話をみずから否定する屈辱であった。ムッソリーニは、いつまでも非交戦国の立場を続けることは考えていなかった。彼は、一九四〇年三月八日のヒトラーからの書簡で「この戦争の帰結はイタリアの将来を決める」「わずかな権利要求の欧州の国としてやっていくのか、生存の権利に従って歴史的・地政学的・道徳的観点からイタリア国民の生存の保障を基準に考えるのか」と追及された。

一九四〇年三月十八日にブレンネル近郊でヒトラーと会談した時には、ムッソリーニは参戦する決意を固めていた。ヒトラーはこれから開始する西部戦線での勝利の自信にあふれていた。ムッソリーニにとって、問題は、いつ、どのようなかたちで参戦するかであった。その会談では、「ドイツの運命とイタリアの運命はかたく結びついている。ドイツの勝利はイタリアの勝利であり、ドイツの敗北はイタリア帝国の終わりを意味する」と決断を迫られたが、ムッソリーニは、「イタリアの参戦がドイツにとって真の支援となる決定的な時に、イタリアは参戦するであろう」と参戦時期を明確にはしなかった。イタリア軍の参謀本部は、参戦の延期をムッソリーニに求めていた。ムッソリーニもイタリアが一二カ月以上の戦争に耐えられないことは、十分承知していた。それゆえ、四〇年三月三十一日の国王宛覚書で述べていたように、「ドイツの攻撃でフランスが完全に崩壊した場合」に参戦し、勝利の分け前を得ようと考えていた。

参戦と「並行戦争」「従属戦争」

イギリス・フランスはドイツに宣戦布告したが、両者のあいだでは実際に戦闘は始まらず、イギリス軍の行動は海上封鎖を中心としていた。そのため、戦争の初期は「奇妙な戦争」と呼ばれた。ドイツはスウェーデンからの鉄鉱石の輸送路の確保とイギリスとの北海での海上輸送戦争の遂行のために、一九四〇年四月にデンマークとノルウェーに侵攻し、両国を占領した。五月には中立国のベルギー、オランダ、ルクセンブルクを攻撃・占領し、さらにフランスへ進撃した。フランスはまたたくまに防衛線を突破され、六月十四日にドイツ軍がパリに入城すると、六月二十二日に休戦協定を結んだ。フランスはドイツ軍の占領地区と非占領地区にわけられ、非占領地区にはペタン▲を国家主席とする、ドイツに協力する政府(ヴィシー政府▲)が成立した。

その間の一九四〇年五月にアメリカのローズヴェルト▲大統領、イギリスのチャーチル▲首相とフランスのレノー▲首相からムッソリーニに戦争への不参加を呼びかける声明が出されていた。しかし、ムッソリーニは、イギリス・フランス軍のダンケルク▲からの撤退をみて、パリ陥落直前の六月十日にイギリス・フラ

▼フィリップ・ペタン(一八五六～一九五一)　フランスの軍人、政治家。第一次世界大戦のヴェルダンの戦いの軍事的英雄。ヴィシー政権の国家主席。戦後、対独協力で死刑判決、高齢を理由に終身刑に減刑。

▼ヴィシー政府　一九四〇年七月にフランス中部のヴィシーに設立された対独協力の極右政権。四四年八月のパリ解放により崩壊。

▼フランクリン・ローズヴェルト(一八八二～一九四五)　アメリカ大統領(民主党)、在職一九三三～四五年。大恐慌対処のためニューディールを実施。大西洋憲章、カサブランカ会談をはじめ、第二次世界大戦の連合国で指導力を発揮。戦争末期の四五年四月、急死。

▼ウインストン・チャーチル(一八七四～一九六五)　イギリスの政治家。保守党と自由党のあいだを移動。一九二四～二九年蔵相、第二次世界大戦でイギリスを指導。四〇～四五年、五一～五五年首相。五三年ノーベル文学賞受賞。

ンスに宣戦布告した。イタリアの攻撃はフランスの国境の小さな町を占領しただけで終わり、イタリア・フランスの国境沿いの地域、チュニジアとリビアの国境沿いの地域、ジブチ港の使用権を手に入れただけであった。対仏戦争のこのような小さな成果ではムッソリーニは満足できず、イタリア国民の戦争熱もまったく盛り上がらなかった。

一九四〇年九月にはヨーロッパ戦争へのアメリカの参戦抑止とアジアでの牽制効果を期待して、ドイツの主導で日独伊三国同盟▲が締結されたが、これは逆効果で、アメリカ・イギリスはこれを枢軸の世界制覇の企図と受け止めた。ムッソリーニはかねてもくろんでいた通り、ドイツとは関係なく独自におこなう「並行戦争」によって、膨張主義的な目標を実現しようとした。その一つは、「地中海の牢獄」から脱するために、地中海とアフリカでイギリスの植民地を奪うことであり、一九四〇年七月にスーダン、ケニア、英領ソマリアへの進軍を命じた。ムッソリーニに忠実であったグラツィアーニ将軍でさえ、攻撃を秋まで延期することを主張したにもかかわらず、これを無視し、九月にエジプトへ侵攻させた。これと並行してバルカン方面にも侵攻した。この地域にはイタ

▼ポール・レノー(一八七八〜一九六六)　フランスの政治家。一九二〇〜三〇年代に大臣を歴任、第二次世界大戦中の四〇年三月、ダラディエに代わり首相。同年五月のドイツの侵攻に対しては抗戦継続を主張、休戦派に屈し、六月辞任。

▼ダンケルク　北海に面した北フランスの港湾都市。一九四〇年五月ドイツ軍に追撃されたイギリス・フランス軍三四万人がイギリスへ撤退作戦をした場所。

▼日独伊三国同盟　日本・ドイツ・イタリアが一九四〇年九月二十七日に締結した軍事同盟。ヨーロッパとアジアでの「新秩序」を相互承認し、それぞれが戦っていた戦争で新たな国(アメリカ)から攻撃を受けた場合の相互援助を約束。第二次世界大戦を世界規模に拡大する役割を果たした。

ヴェネツィア宮殿のバルコニーからイギリス・フランスに対する宣戦を発表するムッソリーニ（一九四〇年六月十日）

リアが以前から進出していたが、エチオピア戦争中にドイツの影響力が浸透していた。四〇年十月二十八日にギリシアに宣戦布告し、侵攻を開始した。しかし、この二つの戦線ともイタリア軍は敗北の連続で退却を強いられ、アフリカ戦線ではイギリスの反撃にあい、一二万人以上が捕虜になった。四一年一月十九日にムッソリーニはベルヒテスガーデンにあるヒトラーの山荘を訪れ、ギリシアとアフリカでの支援を要請するという屈辱を味わった。これ以後、イタリアの戦争はもはや独自の「並行戦争」ではなく、ドイツの目下の同盟者としてドイツ軍の指揮下で戦う「従属戦争」へと変化した。

ドイツ軍の支援により、一九四一年から四二年まではアフリカ戦線では一進一退の攻防が続いたが、一九四二年の末にはイギリス・アメリカ軍が攻勢に出て、四三年夏前にはドイツ・イタリアのアフリカ支配は終わった。バルカン戦線では、ブルガリアが枢軸に加わり、ドイツ・イタリア軍は一九四一年四月にユーゴスラヴィアに侵攻し、二週間あまりで降伏させ、征服した。ユーゴスラヴィアは解体され、イタリアはスロヴェニア南部とダルマツィア海岸部・島部を併合し、モンテネグロ中南部を占領した。クロアチアでは、親ナチでクロア

●第二次世界大戦

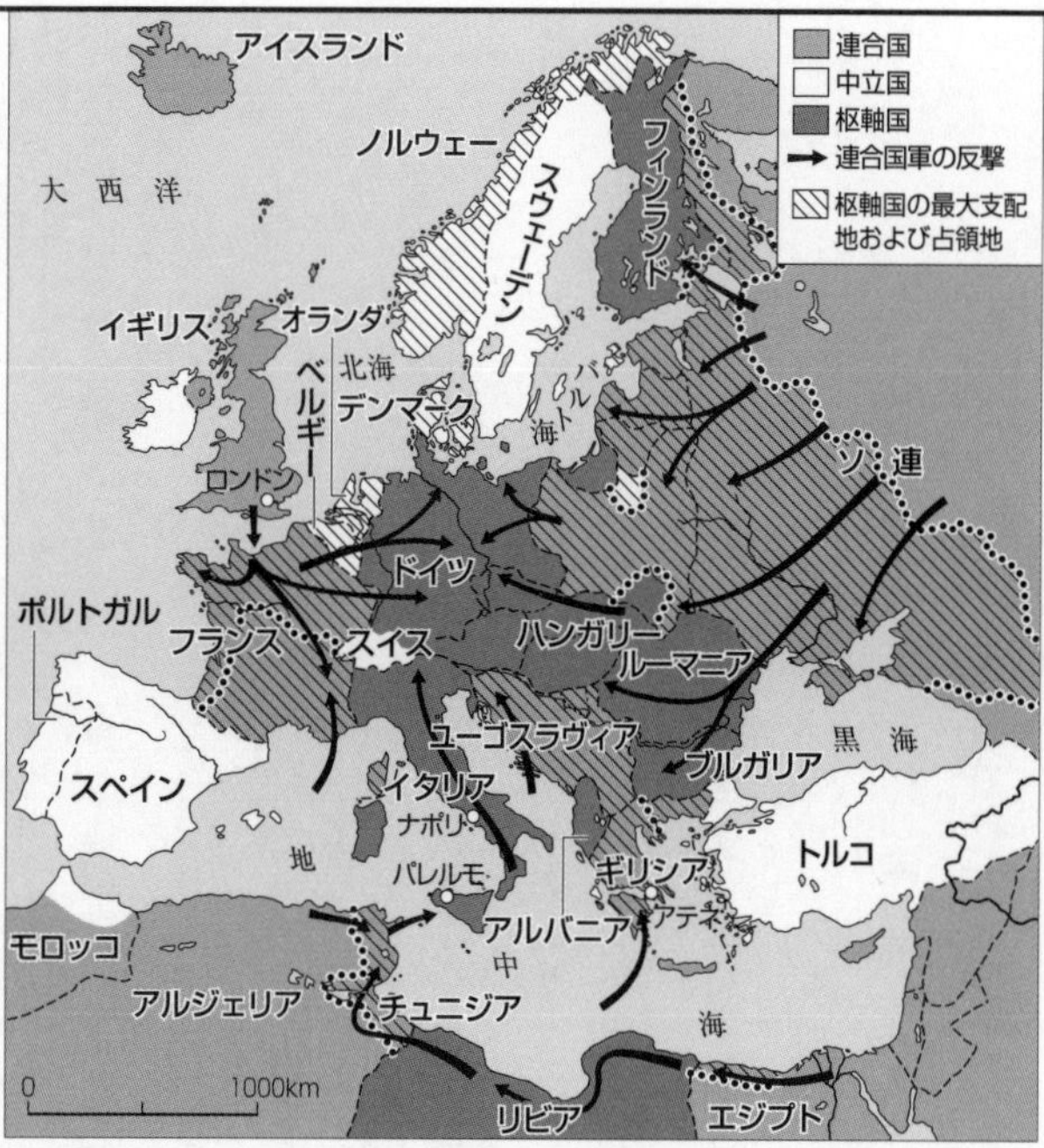

●バルカン半島の占領

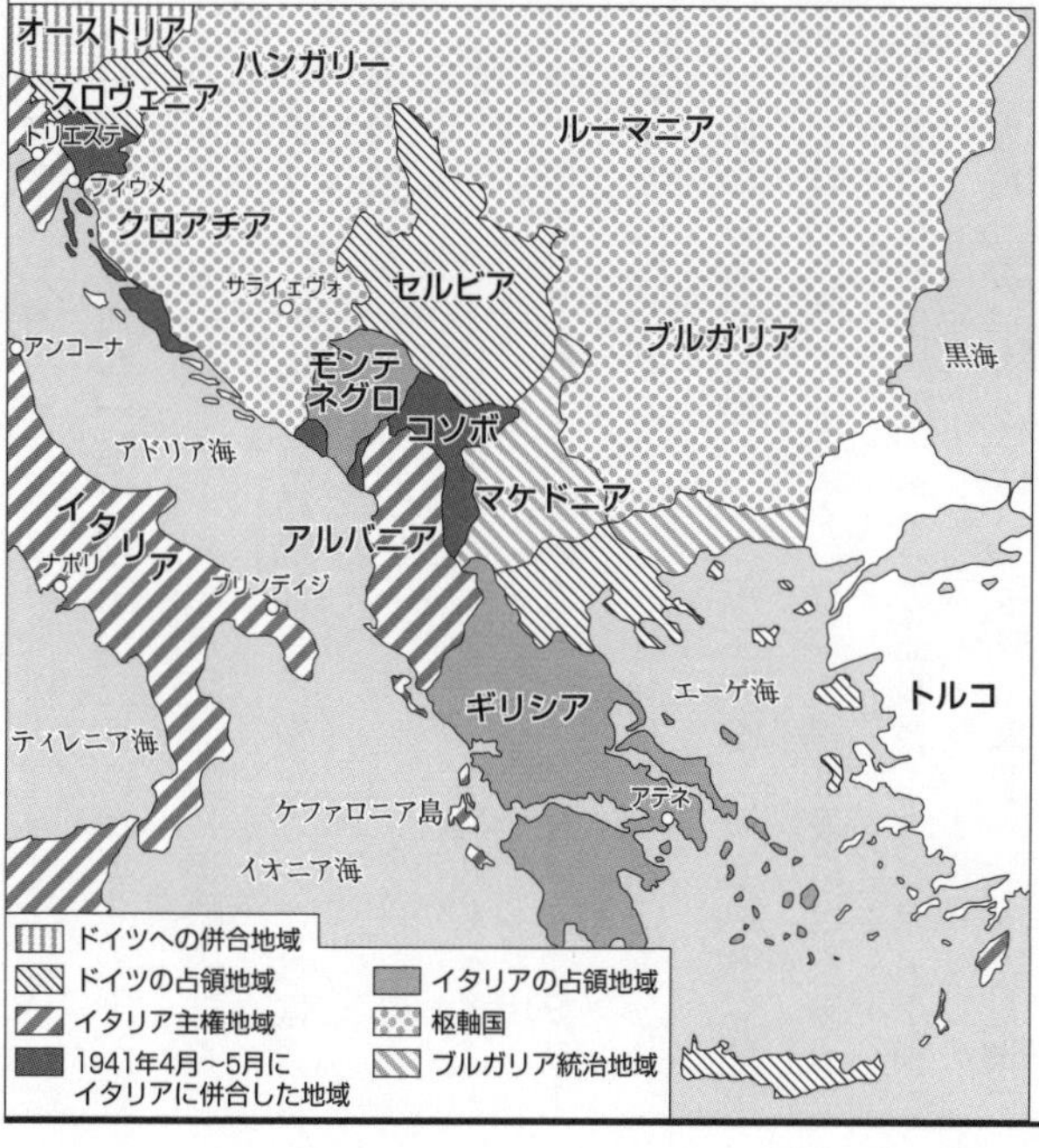

チア民族主義のパヴェリッチ▲の独裁政権がつくられ、セルビア人やユダヤ人に対する激しい迫害がおこなわれた。一九四一年四月二十一日にはギリシアが降伏し、休戦条約が結ばれた。ギリシア北部とアテネなど経済的・戦略的に重要な地域をドイツが占領し、イタリアは中南部と島嶼《とうしょ》部を占領した。これは、ムッソリーニには夢みた地中海帝国の第一歩にみえた。

バルカン戦線で勝利すると、ヒトラーはもはやムッソリーニに知らせることなく、一九四一年六月にソ連に侵攻し、独ソ戦が始まった。これはムッソリーニが恐れていた東西二つの戦線での戦いであった。ムッソリーニは臣下としての忠誠心を示すために、六万人の貧弱な装備のイタリア軍をロシア戦線に送り込んだ。四二年秋にはヒトラーの要求でイタリアのロシア遠征軍は二三万人に増強された。ヒトラーの東方での戦争目的は、東方の征服と「ユダヤ・ボルシェヴィズム」の絶滅であり、人種主義にもとづく徹底的な殺戮《さつりく》・収奪・破壊の「絶滅戦争」をおこなった。ヒトラーはイギリスは反共産主義ゆえに、ドイツがソ連と戦争し、勝利すれば、ドイツとの取引に応じると考えていた。しかし、ミュンヘン融和の時とは異なり、今やイギリスにとってはヨーロッパ支配をめ

▼**アンテ・パヴェリッチ**（一八八九〜一九五九）　クロアチアの政治家、軍人。ファシスト団体ウスタシャの指導者。ドイツ軍のユーゴスラヴィア侵攻後、傀儡政権クロアチア独立国を樹立、首相、国家元首となり、独裁権を握る。民族浄化政策をおこない、セルビア人を大量虐殺。戦後、南米やスペインに逃亡。

戦略を協議するムッソリーニとヒトラー（一九四二年頃）　写真は右からドイツのヨードル将軍、イタリアのカヴァッレーロ将軍、ヒトラー、ムッソリーニ。

ざすナチス・ドイツが第一の敵であり、チャーチル首相にとってドイツとの融和はもはやありえなかった。一九四一年七月十二日、チャーチルはスターリンと共同行動協定を締結し、ナチス・ドイツに対して共同で戦うことを宣言した。一九四一年六月十六日にアメリカはドイツ・イタリアとの外交関係を断絶し、イギリス側に立つことを明確にした。同年八月十四日には、事実上のイギリス・アメリカの戦争目的の表明であった大西洋宣言が発表された。そして、四一年十二月八日、日本がアメリカ・イギリスに宣戦布告し、その三日後の十二月十一日にドイツ・イタリアがアメリカに宣戦布告した。こうしてアメリカがアジアとヨーロッパで枢軸諸国と全面的に対決することになり、アジアでの戦争とヨーロッパでの戦争が結合し、文字通りの第二次世界大戦となった。

「労働の同志」としてドイツに出発する女性労働者（一九三九年頃）

⑤―ファシズム体制の崩壊とレジスタンス

反ファシズムの胎動

　この世界戦争から最初に脱落するのはイタリアであった。参戦後すぐに国民にとって不可欠な食糧配給システムが崩壊した。パン、肉、油、塩、野菜などの食料品が不足し、国民の窮乏化が進む一方で、闇市が繁栄した。横流しや特権で潤沢に物資を入手できたファシストの高官たちは、庶民の生活困難をよそに優雅に暮らしていた。工場は燃料と原材料の不足で満足に稼働していなかった。二〇万人以上のイタリア人労働者がドイツの労働者の不足を埋めるために、「労働の同志」としてドイツに送られた。しかし、イタリア人労働者はソ連やポーランドの捕虜のような扱いを受けたために、募集に応じる者はその後大幅に減少した。

　一九四二年の秋にはイタリア全土に連合軍の空爆が展開され、ファシスト体制とムッソリーニへの国民の不信と不満が高まった。一九四二年末から四三年初めの配給価格の急上昇や配給量の減少による飢え、寒さ、労働強化、体力の衰え、空襲による被害は、労働者の意図的な欠勤をもたらし、自然発生的なストライキが徐々に増加した。労働者たちは空襲臨時手当の全労働者への支給を求め、四三年三月にトリノのフィアットの工場でストライキを始めた。ストライキは北イタリア全体に広がり、トリノで一〇万人以上、ミラノで五万人以上が参加する大規模なものとなった。政府は警察力での弾圧ができず、政府も経営者側も要求を受け入れた。このストライキは戦争反対や反ファシズムなどの政治的主張を掲げていないが、戦争中に数十万人もが参加するストライキがおこなわれたことは、ファシズム体制への労働者の同意調達と抑圧がもはや機能していないことを明らかにした。企業経営者たちも風向きの変化を感じはじめていた。

一九四二年から四三年にかけて反ファシズム諸組織の活動も活発になった。共産党の地下組織が拡大し、社会党が一九四二年七月にローマで再建された。知識人たちが行動党を結成し、四三年三月にキリスト教民主党がローマで結成された。このとき枢軸軍は各戦線で崩壊していた。ロシアではスターリングラードの戦いでドイツ・イタリア軍は決定的な敗北を喫し、四三年一月末に大部隊が降伏した。イタリア軍の死者と行方不明者は一〇万人をこえた。アフリカ戦線では一九四三年五月にドイツ・イタリア軍がチュニジアで降伏し、三五万人のイタリア兵が捕虜となった。ムッソリーニにできることは、敗北の連続に対してドイツ・イタリア軍の司令官を無能と罵倒し、ヒトラーにソ連との休戦とイタリア戦線へのドイツ軍の増派を懇願することだけであった。国王とその側近、将軍たちは、自分の地位と王制の存続のために、ムッソリーニとドイツからの離反と休戦を考えはじめていた。

運命の七月二十五日──ムッソリーニ解任

一九四三年五月に北アフリカがイギリス・アメリカ連合軍の手に落ち、地中海の制海権・制空権を連合軍が完全に掌握した。七月九日には連合軍がシチリア島に上陸し、七月二十二日にパレルモを占領し、ローマへの爆撃も盛んになった。このような状況下で七月二十四日に三年七カ月ぶりに開かれることになったファシズム大評議会に向けて、ボッタイ、フェデルツォーニ、グランディらがムッソリーニの解任を画策していた。ファシズム大評議会は、グランディ

●連合国軍の爆撃で破壊されたローマのサン・ロレンツォ地区（一九四三年七月）

●戦車の上に立って演説するムッソリーニ（一九四四年十二月十五日、ミラノ）

●ミラノのパルチザン蜂起（一九四五年四月二十五日）

▼グランディ決議案　一九四三年七月二十四日の最後のファシズム大評議会にグランディが提出した決議案。「国王に軍事指揮権と最高決定権を返還する」内容で、事実上、ムッソリーニの解任を求める決議。

が提案した、ムッソリーニに軍事指揮権と最高決定権の国王への返還を求める決議を長時間の議論ののち、賛成一九、反対八、棄権一で可決した。グランディの決議にはムッソリーニの娘婿のチアーノ、「四天王」のデ・ヴェッキとデ・ボーノも賛成した。国王は大評議会の結果を聞き、ムッソリーニの排除を最終的に決断した。そのことを知らないまま、七月二十五日に国王を訪問したムッソリーニは、国王によって首相を解任され、逮捕・幽閉された。国王は後任首相にバドリオ元帥を任命し、政府は極秘に休戦交渉を開始したが、それはぐずぐずしたものであった。バドリオ首相は「戦争を継続する」とラジオで発表したが、国民は、ムッソリーニの解任は戦争の終わりを意味すると理解し、街頭に出て、「国王万歳」「マッテオッティ万歳」「平和万歳」を叫んだ。反ファシズム諸勢力は活動を公然化し、政府に自由の回復と政治犯の釈放を要求し、バドリオ首相はこの要求を受け入れた。政府は国民ファシスト党および関連組織を解散した。戦争からイタリアが離脱することを警戒したイタリア駐留ドイツ軍が増強され、支配者として行動しはじめていた。

イタリアと連合軍との休戦協定はようやく一九四三年九月三日に調印された

が、その公表は連合軍のイタリア中南部への上陸まで秘密にされる約束であった。しかし、九月八日、ラジオ・ニューヨークがイタリアの降伏を報じ、その翌日、連合軍はナポリの南のサレルノに上陸した。国王一族、バドリオ首相、政府と参謀本部は、国民と軍に明確な指示も出さないまま、ドイツによる逮捕を逃れるためにローマを脱出し、連合軍の支配する南部のブリンディジへ逃走した。イタリア軍は各地で混乱し、解散され、兵士は故郷へ帰還した。バルカンのイタリア軍はドイツ軍に武装解除され、捕虜としてドイツに送られた。ギリシアのケファロニア島に駐屯していたアックイ師団▲一万人は降伏を拒否し、ドイツ軍と戦ったが、敗北し、将校は殺され、兵士はドイツに送られた。バドリオ政権は九月二十九日に調印された本休戦協定▲に従って、十月十三日にドイツに宣戦布告し、イタリアは連合国の「共同参戦国」となった。

ヒトラーは、イタリア中部のグラン・サッソの山荘に幽閉されていたムッソリーニを救出し、九月に傀儡国家「イタリア社会共和国」(通称、サロ共和国)をつくらせた。ナポリ以北の北中部のイタリアの軍事と行政はドイツ軍の支配下におかれ、ムッソリーニにはもはや実権はなかった。ヒトラーがサロ共和国に

▼アックイ師団　一九四三年九月の休戦協定後、ケファロニア島のアックイ師団が、同島に駐留するドイツ軍の武器引き渡しと降伏要求を拒否し、ドイツ軍と抗戦、敗北。約一・二万人の将校・兵士のうち、約一三〇〇人が戦闘で死亡。戦闘終了後、ドイツ軍が約六五〇〇人の将校・兵士を虐殺。

▼本休戦協定　一九四三年九月三日調印、九月八日に公表された休戦協定は、軍事休戦を内容とする協定。九月二十九日に占領体制の諸条件を包括的に規定した「本休戦協定」(包括的休戦協定)に調印。

認めた軍と警察部隊は、ドイツで訓練する小さな軍と親ナチのリッチ▲指揮下のファシスト民兵隊「共和国民族防衛隊」、共和国ファシスト党書記長パヴォリーニ▲指揮下の「黒色旅団」だけであった。徴兵に応じた青年は少数で、多数は郷里に隠れるかパルチザンに加わった。ナチ支配下のイタリアのユダヤ人▲はサロ政府の命令で収容所に集められ、ドイツやポーランドの絶滅収容所に移送され、殺害された。ナチスのパルチザン掃討作戦と市民抑圧、虐殺、占領管理を手伝ったのは、共和国民族防衛隊と黒色旅団であった。一九四四年一月にヴェローナで、一九四三年七月の大評議会でグランディ決議に賛成したメンバーに対する裁判▲がおこなわれた。一人を除いた全員に死刑が宣告され、ムッソリーニの娘婿のチアーノやデ・ボーノら逮捕されていた五人が処刑された。

レジスタンスとムッソリーニの死

一九四三年九月九日、キリスト教民主党から共産党までの広範な反ファシスト組織が国民解放委員会（CLN）を結成し、ナチスとファシストに対するレジスタンスを開始した。ナポリでは市民がドイツ軍と市街戦を戦い、同年十月一

▼レナート・リッチ（一八九六～一九五六）　ファシスト幹部。ファシスト党副書記長、バリッラ会長、協同体相。親ナチ、サロ共和国の共和国民族防衛隊司令官。戦後、三〇年の禁固刑。

▼アレッサンドロ・パヴォリーニ（一九〇三～四五）　ファシストのジャーナリスト、政治家。人民文化相。イタリア社会共和国ファシスト党書記長。黒色旅団を組織。ムッソリーニとともに逃亡中にパルチザンに逮捕、銃殺。

▼イタリアのユダヤ人　一九三八年の人種法制定時のイタリア在住ユダヤ人約五・七万人、うちユダヤ教徒のイタリア市民約三・七万人、外国籍のユダヤ教徒約九千人。外国人の多数はドイツからナチスの迫害を逃れてきた人々。ドイツ占領時のイタリア在住ユダヤ人は約四・四万人。うち約八千人がアウシュヴィッツ等に移送、生存帰還者は八二六人。移送されなかった人々の大半は国内潜伏や外国へ逃亡。アウシュヴィッツが解放された一月二十七日はイタリアでも「記憶の日」という記念日。

日にドイツ軍を退却させた。農村・山岳部ではパルチザンが武装闘争を、都市部では愛国行動団が都市ゲリラ作戦を展開した。北部の渓谷地域では解放区も形成された。ドイツ軍や親衛隊は彼らが被害を受けた時には、アルデアティーネの虐殺のように、ドイツ兵一人につきイタリア人一〇人以上の報復殺害をおこなった。北中部イタリアでは、激しい武装レジスタンスが展開されたが、これに対してドイツ軍とイタリア・ファシストによる弾圧と市民の大虐殺が、サンタンナ・ディ・スタッツェーマやマルツァボット（次頁用語解説参照）など各地でおこなわれた。二〇カ月のレジスタンスで殺された戦闘員と民間人は約八万人に達した。レジスタンス勢力とナチ・ファシストとの戦いは内戦の性格も帯びた。

レジスタンス勢力は連合軍の北上に合わせて軍事活動を活発化させ、一九四四年八月にフィレンツェを解放した。一九四五年四月二十四日から二十六日にかけて、ミラノなど北部の三大都市で連合軍の北上に呼応してパルチザンが蜂起し、北イタリアが解放された。ムッソリーニは四月二十五日にドイツ兵に変装し、ナチスの親衛隊に護衛され、ファシスト幹部とともにスイスをめざして

▼ヴェローナ裁判　一九四四年一月八～十日にヴェローナでサロ共和国によっておこなわれた、大評議会でグランディの決議に賛成したメンバーに対する裁判。逮捕され、裁判にかけられた六人中五人が死刑。大評議会後すぐに賛成を撤回、ムッソリーニに謝罪した一人は三〇年の禁固刑。他の一三人は欠席裁判で死刑判決。

▼アルデアティーネの虐殺　一九四四年三月二十四日、ローマ市郊外の洞窟アルデアティーネで、反ファシズム活動家、ユダヤ人、一般市民ら三三五人がドイツ占領軍に虐殺された事件。前日にローマ市内でレジスタンス勢力の爆弾でドイツ治安部隊の三三人が死亡した事件への報復として殺害。戦後の裁判で虐殺責任者に終身刑などの判決。

アルデアティーネの虐殺による犠牲者のための国立の霊廟

逃走を図ったが、途中でパルチザンに発見され、四月二十八日に銃殺された。その死体は愛人のペタッチやほかの幹部たちとともに、ミラノのロレート広場に逆さ吊りにされた。

翌四月二十九日、イタリア駐留ドイツ軍が降伏文書に調印し、イタリア戦線での戦争は終わった。ヒトラーがベルリンの総統官邸の地下壕で自殺したのは、この次の日の四月三十日のことであり、ドイツ軍が降伏文書に調印したのは、その一週間後の五月七日であった。

裏切られた独裁者

ムッソリーニは政権獲得以来、また、独裁体制を確立することによって何を実現しようと考えていたのであろうか。彼のめざしたものは、第一次世界大戦への参戦論を主張した論文で述べていたように、イタリアが「世界史の主役になる」こと、そのために「大国」「帝国」になることであり、自分がその実行者になることであった。そのためには、自由と人権を否定し、イタリア人を、ムッソリーニを「信じ、従い、戦う」好戦的な「ファシスト的人間」に改造し、

▼サンタンナ・ディ・スタッツェーマの虐殺　一九四四年八月十二日、トスカーナ地方ルッカ県のサンタンナ・ディ・スタッツェーマ村で、ナチスの親衛隊とイタリア・ファシストが、村人ら約五六〇人(大多数が女性や子ども)を虐殺した事件。レジスタンス勢力の活動地域を破壊するための住民掃討作戦として実行。

▼マルツァボットの虐殺　一九四四年九月二十九日～十月五日に、ロマーニャ地方ボローニャ県マルツァボット村で、七七〇人以上がドイツ軍、親衛隊、イタリア・ファシストによって虐殺された事件。住民のパルチザン支援活動を恐れての予防的虐殺。近隣の村での虐殺をあわせると犠牲者は一八三〇人。

▼エミール・ルードヴィッヒ(一八八一～一九四八)　ドイツの伝記作家、ジャーナリスト、ユダヤ系。一九三二年にムッソリーニにインタビューし、『ムッソリーニとの対話』として出版。戦争中はアメリカに移住。

蜂起の準備をするパルチザン（一九四五年四月）

イタリアを軍事大国にし、対外侵略によって植民地を拡大する必要があった。彼のあらゆる政策の「戦争」視や大言壮語はこの願望の表現であった。しかし、戦争でのあいつぐ敗北とナチス・ドイツへの従属は、これに無残に失敗したことを明らかにした。この事実に直面して、ムッソリーニにはなすすべがなかった。イタリア社会共和国の時期は、彼は抜け殻状態であり、国民の前で演説することはほとんどなかった。軽蔑していたヒトラーによって救出され、名目上トップにすえられたものの、実質的な権限がないことで意欲を失っていたのであろう。一九四三年七月の宮廷クーデタに関しても、グランディによる解任動議提出の動きや国王・将軍たちのムッソリーニ排除の動きについて、秘密警察や大評議会のほかのメンバーから情報をえていたにもかかわらず、ムッソリーニは対抗措置をとらなかった。スターリングラードでのドイツ・イタリア軍の敗北、イギリス・アメリカ軍のシチリア上陸とパレルモ陥落によりイタリアの敗北が明瞭になった時点で、政治的にも戦意と闘争心を失っていたのであろう。

　ムッソリーニは一九三二年刊行のルードヴィッヒ▲編『ムッソリーニとの対話』で「私は友人ができないし、友人がいない」と語っていた。彼は友人だけでなく、ナンバーツーをつくらなかった。この『対話』では、「われわれには、グランディ、バルボ、ボッタイらの優秀な指導階級がいる」といっていたが、その後、これらのサブリーダーたちが彼の権力をおびやかしかねないと考え、彼らを閑職や遠地に追いやった。大臣ポストでは、内相と陸相をほぼ全期間兼任し、一九三三年以降は海相・空相も兼ね、三〇年代後半には首相のほかに七つの大臣職を兼任した。これは、彼がいかにほかのファシスト幹部を信用していなかったかを示している。ヒトラーが党と政府の要職を信頼できる側近に専門的に分担させ、後継者を指名したやり方とは対象的である。結局、ムッソリーニは、ファシズム運動の創成期以来の盟友であるグランディやボッタイ、「四天王」のデ・ヴェッキやデ・ボーノだけでなく、事実上の後継者であった娘婿のチアーノにも、最後の大評議会で裏切られたのであった。

冒頭で提起した日本・ドイツ・イタリア三国の終わり方の相違の問いへの答えとして、以下の点を挙げることができる。第一に、イタリア・ファシズム体制では、国王とムッソリーニという二つの「権威と権限の源泉」が並立していた。それゆえ、ハナ・アーレント▲がいうような「不完全な全体主義」にとどま

▼**ハナ・アーレント**（一九〇六～七五）　ドイツの政治哲学者、ユダヤ系。ハイデガーやヤスパースのもとで学ぶ。ナチス台頭後、フランスを経て、アメリカに亡命。主著『全体主義の起源』『イェルサレムのアイヒマン』。

り、ムッソリーニは国王側からのクーデタに屈することになった。第二に、国民向けにムッソリーニを神格化しても、古参のファシスト幹部にとっては絶対者ではなく、あくまで同輩中の第一人者にすぎなかった。第三に、日本やドイツと異なり、イタリアは軍事的にも経済的にも単独で戦争を遂行する能力を持つにはいたらなかった。第四に、本休戦協定調印後、イタリアは共同参戦国になった。第五に、イタリアでは武装レジスタンス闘争が展開され、「みずからの力でイタリアを解放」するかたちをつくり、これを基盤とする民主的政府が敗戦前に形成された。第六に、レジスタンス勢力がファシズム体制の最高権力者ムッソリーニをみずからの手で裁き、処刑した。

未完の「過去の克服」

一九四四年六月のローマ解放後、バドリオ政権に代わって、国民解放委員会を基盤とするボノーミ政権が成立した。四五年六月のパルリ▲政権を経て、同年十二月に成立したキリスト教民主党のデ・ガスペリ▲首相の六党連立政権は同月、連合軍の占領体制に終止符を打った。四六年五月に国王ヴィットーリオ・エマ

▼フェルッチョ・パルリ（一八九〇〜一九八一） 反ファシズム活動家、政治家。一九四三年行動党結成、自由義勇軍副司令官。四五年五〜十二月に戦後初の反ファシスト連立政権の首相。

▼アルチーデ・デ・ガスペリ（一八八一〜一九五四） イタリアの政治家。南チロル生まれ、第一次世界大戦前はオーストリア国会議員。大戦後、南チロルがイタリア領になり、イタリア下院議員。イタリア人民党書記長。一九二六年解党後はヴァチカンで活動。四三年キリスト教民主党創設、書記長。四五年十二月〜五三年七月首相。

ヌエーレ三世が退位し、息子ウンベルト二世▲に王位を委譲した。同年六月の憲法制定議会選挙と同時に実施された、王制か共和制かの政体決定の国民投票▲で、五四・三パーセント(一二七二万票)対四五・七パーセント(一〇七二万票)で共和制が決定された。四七年十二月に制憲議会で新憲法案が承認され、四八年一月にイタリア共和国憲法▲が施行された。この憲法では、経過規定および補足一二条にファシスト党の再建禁止が規定された。しかし、一九四六年十二月二十六日にイタリア社会共和国のファシストたちが、イタリア社会運動という名でファシスト党を事実上再建し、その後も活動し続けた。

　イタリアでは、ニュルンベルク裁判や東京裁判のような国際軍事裁判はおこなわれなかった。イタリア政府によるファシスト犯罪に対する裁判は、一九四四年二月から開始され、四七年に終了した。ミラノでは一二二五人が裁かれて、死刑判決は三六名、執行はうち二名だけであった(全国の被告者数は四六七六人)。公職追放も約三万五〇〇〇人が審理されたが、罷免はわずかに二五〇〇名であった。四六年六月には共和制の発足を祝って、「国民の和解」という理由で恩赦がおこなわれ、有罪判決を受けていたファシストたちも減刑・釈放され、フ

▼ウンベルト二世(一九〇四〜八三)　ヴィットーリオ・エマヌエーレ三世の子。王制存続を企図してのエマヌエーレ三世の退位により、一九四六年五月国王に即位。同月の国民投票で共和制が決定し、亡命。

▼政体決定の国民投票　一九四六年六月二日実施、投票率は八九・一パーセント。共和制支持と王制支持はレジスタンス闘争の有無が影響し、南北で明確に異なった。ナポリ以南は六対四で王制支持が多数、ウンブリア以北は六対四ないし七対三で共和制支持が多数、ローマのあるラツィオ州は共和制支持が四八・六パーセント、王制支持が五一・四パーセントと拮抗した。

▼イタリア共和国憲法　一九四八年一月施行。反ファシズム・レジスタンスによって成立した共和国の憲法の特徴を持つ。人民主権と「労働に基礎をおく共和国」の規定、州自治や社会、経済、政治、司法等への国民の参加の保障、国際紛争解決の手段としての戦争の否定等を規定。補足でファシスト党の再建、前国王とその男子孫の入国を禁止。写真は

ァシスト幹部も亡命先から帰国できるようになった。四七年二月に旧枢軸国としてパリ講和条約に調印し、植民地の放棄と賠償を承認した。

ナチス占領時代のナチスとファシストによる一連の戦争犯罪の調査書類は戦争直後に作成されたが、対独感情の悪化を避けるという理由で冷戦時代には隠されていた。しかし、九四年に「発見され」、その後、遺族の訴えによって各地の軍事裁判所で裁かれるようになった。他方では、イタリアの植民地支配の実態にも批判の目が向けられはじめた。その結果、「悪いドイツ人と良いイタリア人」という対比、「他国の植民地主義と比較して、最も人間的」「心優しいイタリア人」の自己弁護のイメージが崩れはじめた。一九九六年に中道左派のディーニ▲政権が、初めて公式にエチオピア戦争での毒ガス使用を認めた。リビアやソマリア、バルカンでの住民残虐や強制収容所▲（次頁用語解説参照）の実態もしだいに明らかになり、イタリアの戦争犯罪が「ファシズムの遺産」として問われはじめた。二十一世紀になり、イタリアでも戦争犯罪の加害と被害、戦争責任が改めて論じられ、人々は「過去の克服」という課題に直面している。

イタリアには、四月二十五日の解放記念日以外に、第二次世界大戦とファシ

憲法の公布書に署名するエンリーコ・デ・ニコラ暫定国家元首。左端はデ・ガスペリ首相。

▼ランベルト・ディーニ（一九三一～）　経済専門家、政治家。一九七九～九四年イタリア銀行副総裁。九五～九六年首相。その後、外相。

▼イタリア植民地・占領地の強制収容所　リビアでは約一〇万人以上が強制収容所で死亡、ユーゴスラヴィアでは一〇〜一五万人の市民を「反イタリア活動」を理由に強制収容所に入れ、一万人以上が死亡。アルバニアでは四・三万人を強制収容所に入れた。ギリシアでは三六万人が餓死、四・五万人の人質・四人がイタリア・ドイツ軍によって殺害された。写真はリビアのベンガジ近郊につくられた収容所。

ズムに関わる公的な二つの「記憶の日」がある。一つは一月二十七日で、ユダヤ人迫害や迫害された人々を守った人々を記憶する「記憶の日」(il Giorno della memoria)である(二〇〇〇年に制定)。もう一つは二月十日で、第二次世界大戦後のイストリアなどからのイタリア人の脱出、フォイベの犠牲者たちの「追憶の日」(il Giorno del ricordo)である(二〇〇四年に制定)。日本やドイツと同様に、イタリアも加害と被害という歴史問題を抱えているのである。

ムッソリーニは一九三二年に「一つの世紀に一つの主義が存在するとすれば、二十世紀の主義はファシズムである」と書いた。ムッソリーニがいうように、二十世紀の前半がファシズムと全体主義の世紀であったとするならば、それらとの戦いのなかで鍛えられた二十世紀後半は、「民主主義と自由、人権と社会的公正の世紀」であったといえる。では、新たな排外主義の右翼ポピュリズムが台頭している二十一世紀の前半は、いかなる主義の世紀であろうか。ファシズムは永遠なのか。ファシズムの歴史は今もそれを問い続けている。

●アクスムのオベリスク（前三〜四世紀）　エチオピア征服時にイタリアに持ち去られたが、二〇〇五年にエチオピアに返還された。

●生地プレダッピオで土産物として売られていたムッソリーニの絵葉書

●フォイベ　鍾乳穴の意味。第二次世界大戦末期に当時イタリアが占領・併合していたユーゴスラヴィアで、ティトーの率いる共産党勢力によってイタリア人が逮捕、殺害されて鍾乳穴に投げ入れられたことやイストリア、ダルマツィア、フィウメから追放されたことを指す。写真はトリエステ市郊外のバゾヴィッツァ地区に建てられた国立のフォイベ記念碑。

ムッソリーニとその時代

西暦	年齢	おもな事項
1883	0	*7-29* 北イタリアのロマーニャ地方プレダッピオ市ドヴィア地区で誕生
1901	17	*7-8* フォルリンポーポリのカルドゥッチ師範学校卒業
1902	18	*2～6* グアルティエーリ市の小学校の臨時教員。*7-9* スイスに出国，滞在，ボヘミアン的生活，労働運動に参加
1905	21	*1-* イタリアに帰国，兵役につく
1908	25	*7～* フォルリやトレントなどで労働運動，社会主義団体の新聞編集者
1911	28	*11-23* リビア戦争反対の騒擾で懲役1年の判決（控訴院で5カ月に減刑）
1912	28～29	*7-10～1* 社会党13回大会で新執行部に。*12-1*『前進』編集長
1914	31	*7-28* 第一次世界大戦開始。*11-15*『イタリア人民』創刊
1915	31	*5-24* イタリア，第一次世界大戦に参戦。*8-31* 兵役に召集
1919	35～36	*3-23*「戦士のファッシ」結成。*11-16* 総選挙，ムッソリーニ落選
1920～	37	*11-* 農村ファシズムの台頭
1921	37	*5-15* 総選挙，ムッソリーニ初当選。*11-7～9* 国民ファシスト党結成
1922	39	*10-28* ローマ進軍，*10-30* ムッソリーニ，首相に任命される
1924	40	*4-6* 総選挙，ファシスト党が議席の約7割を獲得。*6-10* マッテオッティ暗殺事件。*6-27* アヴェンティーノ・ブロック結成
1925	41	*1-3* ムッソリーニの独裁宣言
1926	43	*11-* 国家防衛特別裁判所の設置，秘密警察（OVRA）設置
1929	45～46	*2-11* ラテラーノ協定。*10-24* 世界恐慌始まる
1931	48	*9-*18 満州事変勃発
1933	49～50	*1-30* ヒトラー首相就任。*3-27* 日本，国際連盟脱退。*10-14* ドイツ，国際連盟脱退
1934	50	*6-14～15* ムッソリーニとヒトラーの最初の会談
1935	52	*10-2* エチオピア戦争開始，*10-10* 国際連盟，イタリアに経済制裁決議
1936	52	*5-9* 帝国創立宣言
1937	54	*9-25～27* ムッソリーニ初めて訪独。*11-6* 日独伊防共協定。*12-11* イタリア，国際連盟を脱退
1938	55	*9-5* 人種法制定。*9-29～30* ミュンヘン会談
1939	55～56	*5-22* イタリア・ドイツ「鋼鉄条約」。*9-1* ドイツ，ポーランド侵攻，イタリア「非交戦国」宣言。*9-3* イギリス・フランスがドイツに宣戦，第二次世界大戦開始
1940	56～57	*6-10* イタリア，第二次大戦世界に参戦。*7-4* イタリア軍，スーダン侵攻。*9-27* 日独伊三国同盟。*10-28* イタリア，ギリシアに宣戦
1941	58	*12-8* 日本，イギリス・アメリカに宣戦。*12-11* イタリアとドイツ，アメリカに宣戦
1942	59	*11-3* イタリア軍，エル・アラメインで敗北
1943	59～60	*3-* 北イタリアで大ストライキ。*7-24* 大評議会でグランディ決議採択。*7-25* ムッソリーニ首相解任。*9-8* 休戦協定。*9-9* 国民解放委員会設立。*9-18* イタリア社会共和国樹立。*10-13* バドリオ政府対独宣戦
1944	60	*1-8～10* ヴェローナ裁判。*6-4* 連合軍のローマ解放
1945	61	*4-28* ムッソリーニ処刑。*5-7* ドイツ降伏。*6-21* パルリ内閣成立。*8-15* 日本降伏。*12-10* デ・ガスペリ政府成立

参考文献

石田憲『地中海新ローマ帝国への道——ファシスト・イタリアの対外政策 1935-39』東京大学出版会，1994 年
石田憲『ファシストの戦争——世界的文脈で読むエチオピア戦争』千倉書房，2011 年
石田憲『日独伊三国同盟の起源——イタリア・日本から見た枢軸外交(講談社選書メチエ)』講談社，2013 年
ジャン・フランコ・ヴェネ(柴野均訳)『ファシズム体制下のイタリア人の暮らし』白水社，1996 年
ロマノ・ヴルピッタ『ムッソリーニ——一イタリア人の物語(中公叢書)』中央公論新社，2000 年
岡田全弘『イタリア・パルティザン群像——ナチスと戦った抵抗者たち』現代書館，2005 年
マックス・ガロ(木村裕主訳)『ムッソリーニの時代』文藝春秋，1987 年
ポール・ギショネ(長谷川公昭訳)『ムッソリーニとファシズム(文庫クセジュ)』白水社，1974 年
北原敦『イタリア現代史研究』岩波書店，2002 年
北村暁夫，伊藤武編著『近代イタリアの歴史—— 16 世紀から現代まで』ミネルヴァ書房，2012 年
木畑洋一『第二次世界大戦——現代世界への転換点(歴史文化ライブラリー 114)』吉川弘文館，2001 年
木村靖二『二つの世界大戦』(世界史リブレット 47)』山川出版社，1996 年
木村裕主『ムッソリーニを逮捕せよ』新潮社，1989 年
桐生尚武『イタリア・ファシズムの生成と危機—— 1919-1925』御茶の水書房，2002 年
シモーナ・コラリーツィ(村上信一郎監訳，橋本勝雄訳)『イタリア 20 世紀史——熱狂と恐怖と希望の 100 年』名古屋大学出版会，2010 年
高橋進『イタリア・ファシズム体制の思想と構造』法律文化社，1997 年
田之倉稔『ファシズムと文化(世界史リブレット 78)』山川出版社，2004 年
ヴィクトリア・デ・グラツィア(豊下楢彦ほか訳)『柔らかいファシズム——イタリア・ファシズムと余暇の組織化(有斐閣選書)』有斐閣，1989 年
パオロ・ニコローゾ(桑木野幸司訳)『建築家ムッソリーニ——独裁者が夢見たファシズムの都市』白水社，2010 年
アドルフ・ヒトラー，ベニート・ムッソリーニ(大久保昭男訳)『ヒトラー＝ムッソリーニ秘密往復書簡』草思社，1996 年
ファシズム研究会編『戦士の革命・生産者の国家——イタリア・ファシズム』太陽出版，1985 年
ニコラス・ファレル(柴野均訳)『ムッソリーニ』(上・下)白水社，2011 年
ローラ・フェルミ(柴田敏夫訳)『ムッソリーニ(二十世紀の大政治家 4)』紀伊國屋書店，1967 年
藤岡寛己『原初的ファシズムの誕生——イタリア戦闘ファッシの結成』御茶の水書房，2007 年
藤澤房俊『第三のローマ——イタリア統一からファシズムまで』新書館，2001 年
藤澤房俊『ムッソリーニの子どもたち——近現代イタリアの少国民形成(MINERVA 歴史・文化ライブラリー 28)』ミネルヴァ書房，2016 年

ラケーレ・ムッソリーニ，アルベール・ザルカ（谷亀利一訳）『素顔の独裁者――わが夫ムッソリーニ（海外ベストセラー・シリーズ）』角川書店，1980年

Bosworth, R.J.B., *Mussolini*, London, Hodder Arnold, 2002.

Bosworth, R.J.B., *Mussolini's Italy: Life Under the Fascist Dictatorship, 1915-1945*, New York, Penguin Press, 2006

Cordova, Ferdinando (a cura di), *Uomini e volti del fascismo*, Roma, Bulzoni, 1980.

De Beganc, Yvon, *Trent'anni di Mussolini 1883-1915*, Roma, Arti Grafiche Menaglia, 1934.

De Felice, Renzo, *Mussolini*, 8 vols, Torino, Einaudi, 1965-1997.

Deakin, F. W., *The Brutal Friendship: Mussolini, Hitler and the fall of Italian Fascism*, New York, Harper and Row, 1962.

Fracassi, Claudio, *La lunga notte di Mussolini: Palazzo Venezia, luglio 1943*, Milano, Mursia, 2002.

Gooch, John, *Mussolini and his Generals: The Armed Forces and Fascist Foreign Policy, 1922-1940*, Cambridge, Cambridge University Press.

Innocenti, Marco, *Lui e loro: Mussolini e i suoi gerarchi*, Milano, Mursia, 2012.

Ludwig, Emilio, *Colloqui con Mussolini* (Traduzione di Tomaso Gnoli), Verona, Mondadori 1932.

Mack Smith, Denis, *Mussolini's Roman Empire*, New York, Penguin Books, 1977.

Mack Smith, Denis, *Mussolini*, London, Weidenfeld and Nicolson, 1981.

Melis, Guido, *La macchina imperfetta. Immagine e realtà dello Stato fascista*, Bologna, il Mulino, 2018.

Monelli, Paolo, *Mussolini piccolo borghese*, Milano, Garzanti, 1968.

Mussolini, Benito, *My Autobiography By Benito Mussolini*. With a Foreword by Richard Washburn Child, New York, Charles Scribner's Sons, 1928.

Mussolini, Benito (a cura di Edoardo e Duilio Susmel), *Opera omnia*, 37 vols, Firenze, La Fenice, 1951-1963.

Mussolini, Rachele, *Benito ed io: Una vita per l'Italia*, Roma, Borghese, 2011.

Rocha, Giorgio, *Le Guerre italiane 1935-1943: Dall'impero d'Etiopia alla disfatta*, Torino, Einaudi, 2005.

Rodogno, Davide, *Il nuovo ordine mediterraneo. Le politiche di occupazione dell'Italia fascista in Europa (1940-1943)*, Torino, Bollati Boringhieri, 2003.

Sarfatti, Margherita, *DUX*, Milano, Mondadori, 1926.

Sarfatti, Michele, *The Jews in Mussolini's Italy: From Equality to Persecution* (Translated by John and Anne C. Tedeschi), Madison, University of Wisconsin Press, 2016.

図版出典一覧

Istituto comprensivo Albertelli-Newton, *Una vita per la libertà: Da Parma alle Fosse Ardeatine*, Parma: M, 68 Edizioni, 2005. *103*

Eva Paola Amendola, Pasquale Iaccio, *Gli anni del regime: 1925-1939*, Roma: Riuniti, 1999. *64*中, *88*

Pasquale Chessa, *Guerra civile: 1943-1945-1948: Una storia fotografica*, Milano: Mondadori, 2005. *105*

Renzo De Felice, Luigi Goglia, *Storia fotografica del fascismo*, Bari: Laterza, 1981.
*37, 61*上, *64*右下, *65, 67*上・下, *77*上・中, *78, 79, 81*左, *86, 92, 96, 99*中・下, *110*

Renzo De Felice, Luigi Goglia, *Mussolini. Il mito*, Bari: Laterza, 1983.
*3*上, *9*中左・下, *21*上, *27*右・左, *30*上, *31*右上・左上・右下, *49, 64*左下, *67*中, *68, 76, 77*下, *83*右, *84, 95*

Mimmo Franzinelli, *Il Duce e le donne: Avventure e passioni extraconiugali di Mussolini*, Milano: Mondadori, 2013. *11*下

John Gooch, *Mussolini and his Generals: The Armed Forces and Fascist Foreign Policy*, 1922-1940, Cambridge: Cambridge University Press, 2007. *3*下

Marco Innocenti, *I gerarchi del fascismo: Storia del ventennio attraverso gli uomini del Duce*, Milano: Mursia, 1992. *39, 42, 43, 45, 46, 80, 83*左

Italo Insolera, *Roma fascista nelle fotografie dell'Istituto Luce: Con alcuni scritti di Antonio Cederna*, Roma: Riuniti, 2001. *72, 99*上

Paolo Pombeni, *La questione costituzionale in Italia*, Bologna: il Mulino, 2016.
109

Franco Servello, Luciano Garibaldi, *Perché uccisero Mussolini e Claretta: La verità negli archivi del PCI*, Soveria Mannelli: Rubbettino, 2012. *31*左下, *47*

Petra Terhoeven, *Oro alla patria: Donne, guerra e propaganda nella giornata della Fede fascista*, Bologna: il Mulino, 2006. *81*右

Brunello Vigezzi, *Da Giolitti a Salandra*, Firenze: Vallecchi, 1969. *22, 26*

著者提供 *30*下, *61*中右・中左・下, *64*上, *111*右上・左上

ゲッティイメージズ提供 *57*

ユニフォトプレス提供 *44, 111*下

PPS通信社提供 カバー表, カバー裏, 扉, *9*右上・左上・中右, *11*上, *21*中・下, *51*

高橋 進(たかはし すすむ)
1949年生まれ
大阪市立大学法学研究科後期博士課程中退
専攻，ヨーロッパ政治史・イタリア政治史
現在，龍谷大学名誉教授

主要著書・訳書
ヴィクトリア・デ・グラツィア『柔らかいファシズム——イタリア・ファシズムと余暇の組織化』(共訳，有斐閣選書 1989)
『イタリア・ファシズム体制の思想と構造』(法律文化社 1997)
『ポピュリズム時代のデモクラシー——ヨーロッパからの考察』(共編著，法律文化社 2013)
『「再国民化」に揺らぐヨーロッパ——新たなナショナリズムの隆盛と移民排斥のゆくえ』(共編著，法律文化社 2016)
『ポピュリズムのグローバル化を問う——揺らぐ民主主義のゆくえ』(共編著，法律文化社 2017)

世界史リブレット人 88
ムッソリーニ
帝国《ていこく》を夢《ゆめ》みた政治家《せいじか》

2020年4月20日　1版1刷印刷
2020年4月30日　1版1刷発行

著者：高橋 進《たかはしすすむ》
発行者：野澤伸平
装幀者：菊地信義＋水戸部功
発行所：株式会社 山川出版社
〒101-0047　東京都千代田区内神田1-13-13
電話　03-3293-8131(営業) 8134(編集)
https://www.yamakawa.co.jp/
振替　00120-9-43993
印刷所：株式会社 プロスト
製本所：株式会社 ブロケード
 ISBN978-4-634-35088-5